張美智 ——— 主編

張美智　王麗惠　王馨蓮　鐘兆慧
黃咨樺　林宏維　高月蓮　熊培伶 ——— 合著

小學生攝影走讀

五南圖書出版公司 印行

小學生攝影走讀

推薦序一　按下拍攝鍵，打開學習的關鍵

　　過去用文字寫日記、用圖畫記心情，現在有更多人選擇用照片或影像述說生活故事及記錄學習。在教育部實施「班班有網路、生生用平板——全面推動中小學數位學習精進方案」之後，使用平板上的各項功能已經是教室的日常。而手機的普及讓學生在戶外教學及居家活動時，更是隨手就能取用，這其中最常用的內建功能即是「攝影」。觸控式的按鍵、智慧手機內建的功能，讓使用者輕易的就能操作，而如何運用攝影來擷取訊息、創新分享與創作交流，才是影像拍攝的重點。

　　《小學生攝影走讀》8位優秀的作者，以現場教師的專業，跳脫生硬的專業知識說明。將生活中常用的12個場景作為走讀的題材，並在其中融入學習鷹架，提供兒童在步行時拍攝、記錄的方法。本書以「按下拍攝鍵，打開學習的關鍵」為特色，帶領兒童用「攝影」進行生活的觀察，發現獨特的時刻、表現觸動生命的感動。

　　期待本書在執行走讀教學時，除在平板與手機的功能、構圖技巧上熟練外，也能教學生培養觀察環境的攝影眼，看到特殊與有趣的元素，引用來發想創意感動的故事內容；透過攝影走讀的操作，讓生活中常用的場景，呈現出有生動活潑內涵的生活故事。

國立臺中教育大學美術學系退休專任教授
全國美展、全省美展及各縣市美展攝影類比賽評審委員
文化部公共藝術視覺藝術聘用專家學者

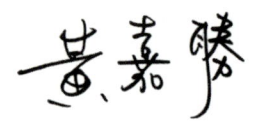

黃嘉勝

推薦序二　攝影是生活的微旅行

　　一開始，相機是為了將眼睛看見的世界、瞬間即逝的美好留存為影像紀錄；手機的功能最主要是為了用語音即時溝通與聯繫，而現在，這二種功能在手機中合而為一，而且許多人對於手機拍攝功能的要求大過於最早語音溝通的目的，甚至以此為選擇購買的第一要素。

　　透過攝影能擷取紀錄或分享觀點，往往同一個學習場域或同行的旅程，在每個人取景框鎖定焦點、按下拍攝鍵的瞬間，即是傳達了不同的視野。兒童攝影無疑是以孩子的視角看世界，細細分享，常會發現相互之間的差異，甚至有許多令人驚喜的內容。

　　主編張美智老師獨特地將鏡頭與取景框作為學習的工具，不僅能擷取美作為藝術的創作與表現，也同時可以擷取自然科學、社會現象、人文觀察、學習歷程……。

　　和小學生談「攝影」進行一趟生活的微旅行，推薦給所有人，嘗試用不同的方式學攝影，《小學生攝影走讀》值得您細細閱讀！

國立臺灣藝術大學藝術與人文教學研究所教授
國民教育中央輔導團藝術領域分團召集人
李其昌

主編序　與師長談初衷

「閱讀」——如何走出文字的框架，讓世界走進心靈？

「走讀」——行走間能擷取多少訊息，來開闊學習的視野？

期許以本書連結「閱讀」與「走讀」，擴展學習的廣度與深度，讓孩子們從小學會實踐「行路＝讀書」。

延續前二冊《小學生藝術走讀》、《小學生設計走讀》的規劃，本次撰寫的主題是和小學生談「攝影」。雖然手機與平板已經在孩子手中使用，坊間相關題材的書籍卻都是針對成年人撰述，無法考慮孩子學習的需求與閱讀理解的筆調。本書在國小課室中試行後，將教學的內容轉化為適合兒童閱讀及家長、教師參考的書籍。題材的選取以生活場景且易於觀察者為主，書寫的方式主要在於運用提問啟發兒童的觀察力、感受力和聯想力，連結生活經驗與實作；搭配圖文及活潑的排版，拉進孩子和攝影的關係；透過分享交流，具有自己的看法及觀點。

「攝影」是生活觀察與美感結合的表現，本書提供兒童在步行時探索攝影的方法與策略，讓品味與眼光升級，創意與想像飛揚。

期待師長們鼓勵並帶領兒童閱讀本書，讓孩子能獨具慧眼，透過攝影的取景框找到自己關注的事物，進而具有提升生活品質的素養及能力。

和孩子談攝影走讀

　　智慧型手機能做的事情真是太多了，但是你知道嗎？一開始，手機的功能最主要是為了用語音即時溝通與聯繫。但是現在如果你手中握著一支智慧型手機，你可能會聽到別人說什麼？

　　「怎麼忽然安靜下來了？你在『滑』手機閱覽網路資訊嗎？」

　　「不要再『玩』手機遊戲了，快去看書。」

　　「『看』手機影片太久，傷眼睛喔！」

　　「來！用手機幫我『拍照』。」

　　在使用手機通訊之餘，除了看與玩之外，我們也常使用的是「拍攝」功能。和朋友們分享照片的故事，你將發現影像紀錄是人與人交流的好開始。

　　這本書，從市場、住家、餐廳、花園、動物園、遊樂場、運動場，到歡聚出遊、野外登山、城市巷弄、海邊、夜景，用12個生活場景和你聊聊按下拍攝鍵的思考與決定。在我們所處的時空、在行進之間，將攝影作為觀察用的放大鏡、望遠景、顯微鏡。按下拍攝鍵，記錄你發現的驚喜、趣味與獨特的瞬間，讓攝影留存的不僅是美好，更是觀點。

　　閱讀本書並實際運用，透過攝影啟動敏銳的探索力，你將能擁有一雙攝影師的「鏡頭眼」，生活中處處都是學習的教室，無處不美、無處不學習、無處不教室，是多棒的一件事！

本書使用特色

　　《小學生攝影走讀》符合教育趨勢，以脈絡化的內容、情境化的主題帶動走讀的實踐，讓「看見即思考」的攝影素養成為生活中隨手可以擷取的養分。

章名頁

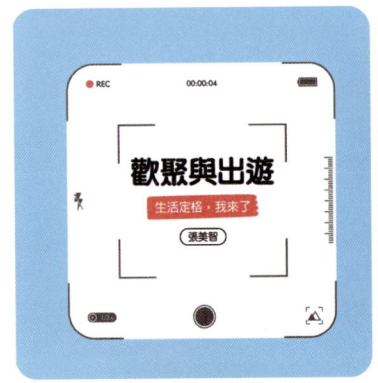

標題
吸引兒童的題材

標題心智圖
主題重點摘要

說明文字
引發閱讀興趣的引導說明

攝影與我
快速理解攝影紀錄觀點與輔助學習的意義

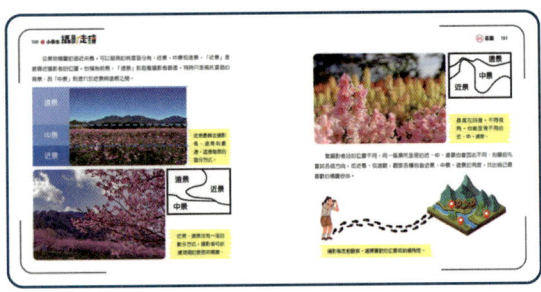

攝影圖解指南
讓知識、技巧與攝影表現的連結一目瞭然

內容

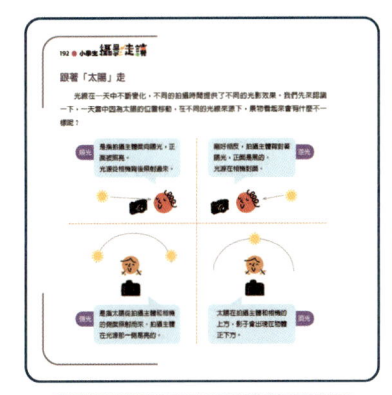

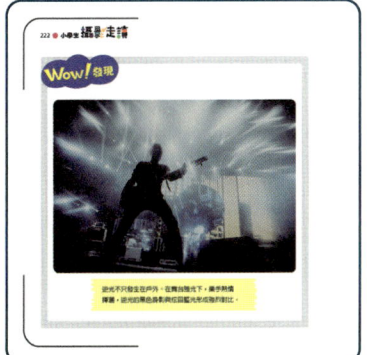

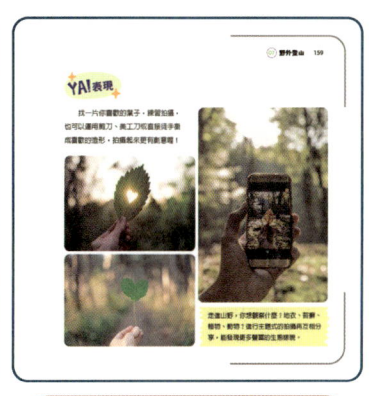

用提問帶動自發性的鑑賞學習

Wow！發現
與內文相關的知識補充

Ya！表現
鼓勵創意表現的思考與嘗試

解讀密碼
脈絡化的自我學習檢核

走讀資訊站
將藝術與生活情境結合

QR code
連結網路資源

本書使用特色　VII

前言 攝影與我

　　幼兒時期無需特別指導，拿起手機、平板等觸控式的器材，就能直覺地觸摸，在探索過程中熟習互動、回饋的模式，所以我們大多能熟稔手機攝影的基本操作。但是拍攝鍵按再多次，如果沒有學習攝影的方法，就真是太可惜了！

　　攝影是我們經常使用的「手機」功能之一，學校中學習的輔助工具「平板」同樣具有拍攝的功能。網路平台有許多影像都是直接使用它們拍攝，接著後製、剪輯完成。

　　「影像」是美編、影片、各項商業設計、創意表現的基本素材，而「攝影」則是取材的方式。雖然一般人家裡通常沒有專業的攝影器材，但是仔細回想，你認識或使用過生活中常見的拍攝工具嗎？

「手機與平板」是生活中常用的攝影器材，配搭的鏡頭從一個到數個不等。因拍攝者所在位置及選取的主題而自動切換為一般、望遠、廣角、超廣角鏡頭，並因應自拍的需求而有前置鏡頭。

「數位照相機」的機身與鏡頭可以因為不同的拍攝對象或目的而更換，多為專業攝影需求使用。

相機是利用鏡片的光學原理，比起手機、平板的數位原理，能有更細緻的拍攝表現。

「即可拍相機」能在拍攝後立即在相紙上顯影，雖然影像不甚清晰，卻是有些人聚會即時分享、留存紀念的最愛。

　　在幾乎「人手一機」的時代，擁有一支智慧型手機，就像過去擁有一支手錶，成為彰顯自己「長大」的物件。如果每次按下拍攝鍵都是自己思考、判斷與學習的機會，就更有「長大」的意義了。

　　試著閱讀並體驗書裡的內容，你會得到一個看見與記錄世界的全新觀點，打破視覺的慣性、突破視覺的極限，看得更多、學得更廣、更深刻，從這一刻開始，讓「有意義」的攝影陪伴你長大吧！

攝影圖解指南

各位小小攝影師們，書中有許多攝影的知識與技巧，能幫助你在按下拍攝鍵時胸有成竹、充滿自信。

循著這些圖片，找找看它們在書中的哪個部分？看看你是否能理解及運用。

小小攝影師出發！

焦距 P124

景深 P130

鏡頭特色 P108

位置 P144

視覺巧合 P166

空間錯位 P177

角度 P148

距離 P154

距離錯位 P176

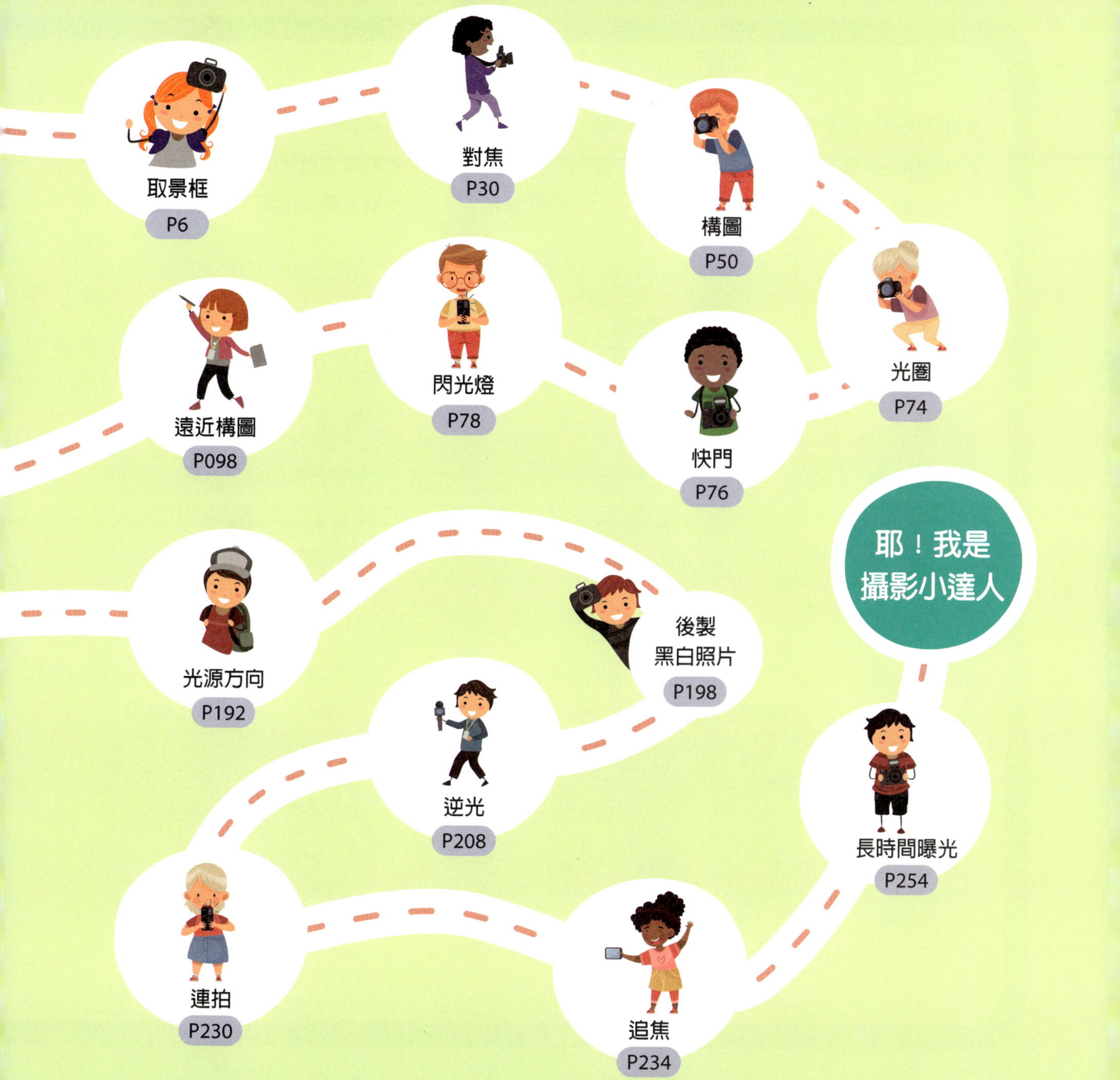

取景框 P6

對焦 P30

構圖 P50

光圈 P74

遠近構圖 P098

閃光燈 P78

快門 P76

耶！我是攝影小達人

光源方向 P192

後製黑白照片 P198

逆光 P208

長時間曝光 P254

連拍 P230

追焦 P234

- 推薦序一　按下拍攝鍵，打開學習的關鍵　II
- 推薦序二　攝影是生活的微旅行　III
- 主編序　IV
- 本書使用特色　VI
- 前言：攝影與我　VIII
- 攝影圖解指南　X

01 市場　鐘兆慧　001
攝影師之眼

解開取景之謎——
取景框的應用

02 住家　鐘兆慧　021
我們這一家

親愛的人像攝影——
對焦的方式

03 餐廳　王麗惠　043
相機先食的餐桌分享

方框裡的神奇構圖——
構圖的方式

04 歡聚與出遊　張美智　069
生活定格，我來了

濃縮快樂的合照與自拍——
認識光圈、快門、閃光燈

05 花園　黃咨樺　095
來吧！再靠近一點

有層次的構圖與近攝探險
——遠近構圖、鏡頭特色

06 動物園　王馨蓮　117
拉近拉遠，可以看更多

不一樣的焦距——
認識焦距、景深

CONTENTS 目錄

07 野外登山　張美智　139
動一動,「視」界大不同

找出最對的角度——運用位置、角度、距離

08 遊樂場　林宏維　163
玩出創意的視角

攝影魔術師——視覺巧合、距離錯位、空間錯位

09 城市巷弄　王馨蓮　185
閱讀光影

光線的遊戲——認識光源方向、後製黑白照片

10 海邊　熊培伶　205
跟陽光約會

逆光剪影術——色溫、補光、後製亮度與色調

11 運動場　高月蓮　227
動感瞬間,我抓得住你

移動與拍照的速度對決——認識連拍、追焦

12 夜景　黃咨樺　245
尋找黑暗中的光

慢快門的祕密——時間的選擇、長時間曝光

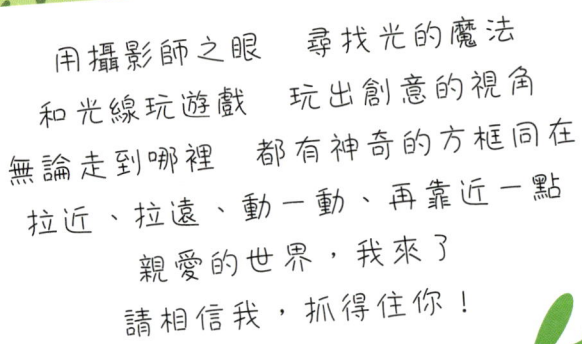

用攝影師之眼　尋找光的魔法
和光線玩遊戲　玩出創意的視角
無論走到哪裡　都有神奇的方框同在
拉近、拉遠、動一動、再靠近一點
親愛的世界，我來了
請相信我，抓得住你！

小學生攝影走讀

01

市場

攝影師之眼

鐘兆慧

| 從菜市場開始的攝影課 P.004 | 認識取景框 P.006 | 尋找主題 P.008 |

| 掌握取景之道 P.011 | 解讀取景的密碼 P.018 |

解開取景之謎
取景框的應用

攝影是最動人的語言，學習用不同的視角練習取景，在細微的觀察中，捕捉到生活中豐富的細節和情感。市場的角落常常隱藏著許多獨特的場景和故事，等待著我們去發現和記錄。

　　讓我們帶著「攝影之眼」，先學會「觀看」，用心感受，找到令你心動的景象，透過不同的視角和處理方式來呈現你的獨特觀點和想法。現在就讓我們一起來一趟市場小旅行練習取景吧！

004 ● 小學生 攝影走讀

從菜市場開始的攝影課

　　你有沒有和家人一起去逛過菜市場呢？熱鬧的菜市場，有許多不同的攤位和美味的小吃、新鮮的蔬菜、水果以及其他各種食材，是非常有趣的體驗時光。

　　許多人旅行時也喜歡去逛當地的菜市場，因為在那裡可以看到居民們日常生活的樣子，氣氛非常特別，充滿了濃濃的市井氣息。

走進市場裡，你最想拍哪一個攤位？哪一個角落呢？

01 市場

　　菜市場是一個了解和記錄當地生活的好地方。不過,想要拍到心目中的好照片卻比想像中難。主要原因是菜市場的環境一般都比較紛亂雜沓,令人不知道該拍攝什麼才好,而且人來人往,變動快速,如何從繁雜的場景中「取景」,是攝影重要的第一步。

你是否有過面對如此熱鬧的人群中,卻不知要拍什麼的窘境呢?

認識取景框

　　相機上有一個重要的構造叫做「觀景窗」，透過這個裝置將影像「所見及所視」連結到顯示螢幕，我們才可以知道自己究竟有沒有將目標物拍攝入鏡，也就是螢幕上是否有呈現出拍攝者理想的畫面的布局與安排。

觀景窗

顯示螢幕

01 **市場** 007

手機的螢幕等同於觀景窗的顯示螢幕，它也很像畫畫用的「取景框」，是一個很好的取景工具。透過它預覽即將拍攝的畫面，把你看到的、覺得最想要呈現的給觀者看。

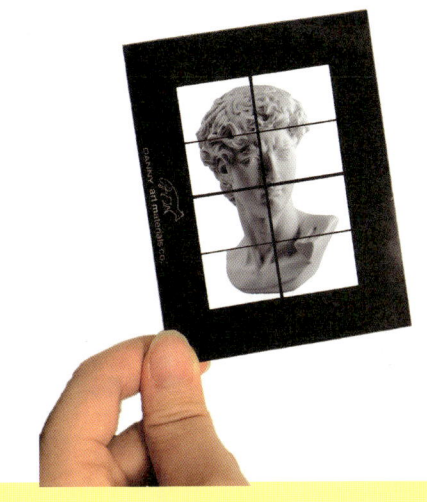

畫畫用的「取景框」，有格線，輔助定位。

手機的螢幕如同「觀景窗」，幫你找到感興趣的景象。

尋找主題

　　走進市場裡，拿起相機往往不清楚自己要拍什麼，這是初學者常遇到的困難，你可以試問自己：「我想拍什麼？」、「什麼畫面是值得我捕捉並記錄它？」、「究竟哪些東西令我心動？」

一張遠距離的大場景照片，什麼都拍到，卻沒重點，讓人不知要看什麼！即使裡面有很多值得看的地方，但無法讓人聚焦，留下深刻印象。

01 **市場** 009

所以你可以試著想想：

如果要表現市場裡老闆熱情的問候、親切的服務、人與人之間互動的真情流露，那要站在哪個角度才最合適？如果要展現菜市場裡自然、豐富、生動和在地文化的特色，那麼要拍哪些東西才可以表現出來？或是只想單純的把新鮮的真實食材和美味的食物拍出來，那麼是不是要近距離取景呢？

記得，你的取景「內容」遠比拍攝「技巧」來得重要。

同樣以人為主題，站在不同的角度觀看，則會呈現不同的思考點，你要表現的「主題重點」就會不同。

Wow! 發現

　　如果手邊沒有取景框，我們也可以自製一個。首先，你可以用雙手比「七」組成一個小視窗，接著，將這個小視窗放在你覺得特別吸引眼球的場景前。

　　藉由手勢練習取景，可以幫助你在拍攝之前，集中注意力，清楚地構思想要捕捉的畫面。

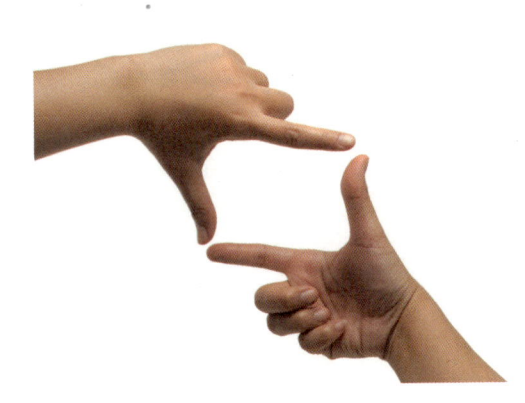

取景框的手勢圖

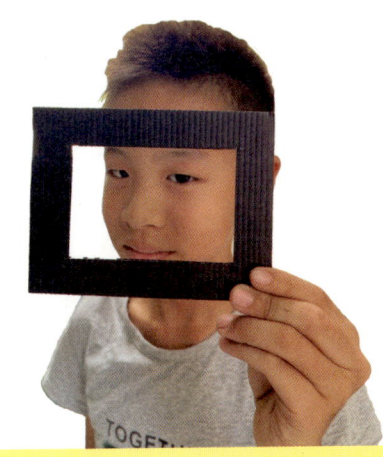

用卡紙或PC瓦楞板自製取景框

掌握取景之道

「取景」就像畫畫之前先構思一樣重要。這樣的做法有助於你明確地思考拍攝的主題動機是什麼，要納入多少景色給觀眾看，以及如何呈現在畫面上，讓照片看起來是經過深思後拍攝的。以下是取景時要留意的細節：

1. 留意螢幕四個邊界

在按下快門釋放按鈕之前，用目光掃過螢幕的四個邊界是一個很好的習慣。這樣可以確保你在畫面中捕捉到的所有元素都是你想要的，並且沒有意外的元素進入到畫面中。

手指頭擋住鏡頭沒有自知，會造成前景產生模糊現象。

2. 注意畫面的平穩與否

　　取景時必須留意畫面的水平與歪斜問題，保持畫面水平和垂直，是攸關照片優質的第一步，影像構圖端正平穩，觀眾才更容易接受。

手機螢幕框選主題，將人物放置畫面中央，調整畫面的角度與水平，並將左下角的不完整紅色物品移除掉，是不是更能完整地看到你想要捕捉的畫面？

01 市場　013

3. 評估直幅或橫幅的構圖

透過手機螢幕觀看,可以更精確地調整各畫面的構圖,思考主題的位置、大小空間的配置和背景的選擇,評估橫幅還是直幅哪一個比較合適。

和家人一起吃飯的情景,透過手機螢幕的取景,思考橫幅的取景是不是比直幅更能將整體氛圍完整呈現呢?

014 ● 小學生攝影走讀

4. 捕捉質感和色彩

透過取景框可以更容易地捕捉市場內豐富的質感和色彩，你可以嘗試將焦點專注在攤販商品的特色上，捕捉其中的鮮豔色彩和紋理變化。

以大量的同色系充滿於螢幕中，產生質感的視覺效果。

01 **市場** 015

鮮豔的色彩是最引人注目的

　　使用取景框不僅可以幫助你捕捉到精確、有趣的畫面，還能夠提升攝影表現和對畫面構成的敏感度。練習一下，尋找喜歡的攤位並展現其特色吧！

Wow！發現

要拍出清晰又動人的照片，注意細節非常重要。

1. 拍攝前，留意鏡頭是否清潔，用乾淨的軟布擦拭鏡頭，確保照片清晰和細膩。

   保持鏡頭乾淨

2. 用雙手正確握住手機，可以增加穩定性，減少手部晃動的機會。

   雙手拿穩，用大拇指按壓拍照鈕。

3. 留意手指的位置，避免遮擋鏡頭，造成畫面的朦朧。

   拍照時，手擋住鏡頭，即使取景好，也枉然。

01 **市場**　017

YA! 表現

　　菜市場是個充滿生氣和活力的地方，選擇一個你覺得有意思、感興趣的攤位，嘗試捕捉攤位上人們交流的畫面、顧客挑選商品的瞬間，或是市場的熱鬧氛圍等等，運用你學習到取景的小祕訣來展現傳統市場的獨特魅力。

> 雜貨店不只是賣東西，更是人們情感交流的地方。所以作者忍不住拍了多張照片，因為覺得這種人情味是非常珍貴的。

解讀 取景的密碼

　　市場是一個充滿生機和活力的地方，我們可以在這裡發現許多有趣的主題和場景。希望你能藉由「取景」這個技巧，學會從複雜的物品中，「選擇」出具有秩序與美感的畫面。

1. 何謂「取景框」？

2. 拍攝時，善用「取景框」有什麼好處？

3. 菜市場有太多豐富的攝影主題，哪個攤位吸引你？
   試著拿起手機「取景」，把想拍的物品或是人物納入框中。

01 **市場** 019

走讀資訊站

　　除了各地的菜市場外，其他夜市或市集也都是很有特點的地方，你也可以試著取景練習拍拍看。

　　請在右圖標示你曾經和家人或朋友拍攝過的市場／市集／夜市地點。

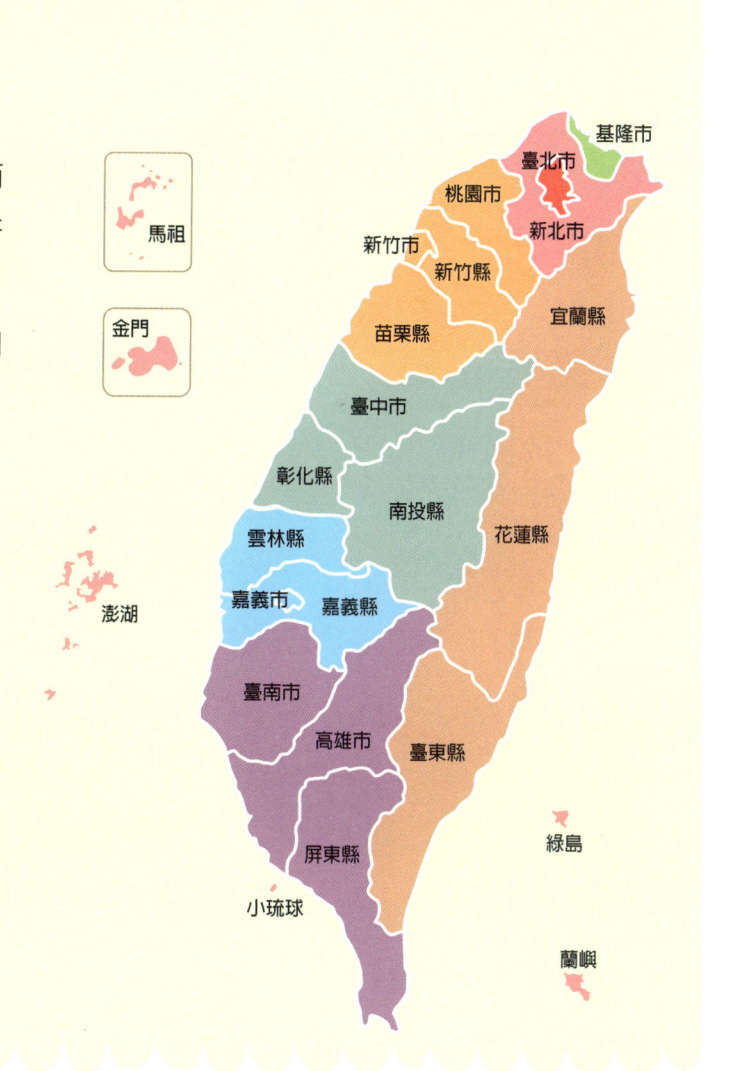

馬祖

金門

基隆市
臺北市
桃園市
新北市
新竹市
新竹縣
宜蘭縣
苗栗縣
臺中市
彰化縣
南投縣
花蓮縣
雲林縣
嘉義市
嘉義縣
澎湖
臺南市
高雄市
臺東縣
屏東縣
綠島
小琉球
蘭嶼

02

住家

我們這一家

鐘兆慧

家人的自然瞬間
P. 024

拍出清晰照片的祕訣
P. 030

人物拍攝三部曲
P. 034

用照片寫家族日記
P. 038

解讀拍攝人像的密碼
P. 040

親愛的人像攝影
對焦的方式

在家庭中,每一個成員都扮演著獨特而重要的角色,他們的笑容、眼神和姿態,都是家庭生活中最溫暖的畫面。

透過攝影,學習人像拍攝,我們不僅可以記錄,更能夠將家人之間深厚的情感和愛意凝聚成照片,成為珍貴的家族日記。

家人的自然瞬間

拍攝家人，是一件既有趣又充滿意義的活動。透過攝影，我們可以記錄家庭成員的樣貌，將他們獨特的一面珍藏在心中。

拍攝家人在日常生活中的情景，比如一起吃飯、看書、散步或做家務。

02 住家　025

　　每個家庭成員都有著與眾不同的一面，他們像一顆顆珍珠，串起了我們的生活點滴。當我們拿起相機，對準他們拍攝的瞬間，這些觀察的角度，便在快門聲中成為永恆。

家庭的成員大致可以分為小孩、成人和長輩，因此拍照時，通常我們會依不同的人物來捕捉各自的神態。有時側拍生活紀錄，不用刻意看鏡頭，反而是最真實的寫照。

▶ 捕捉純真與歡樂

當拍攝兒童時，不妨和他們一起玩耍。在玩耍中，往往在不經意間流露出最純真的一面，這是最美的瞬間。

開心地露出燦爛的笑容，這類型的側拍生活紀錄通常能捕捉到一些真實而溫暖的時刻，讓人感受到家庭的幸福。

02 住家 027

騎著腳踏車的女孩,臉上洋溢著勝利的笑容,這張照片見證成長的重要時刻。

這種場景不僅是日常活動,更是記錄第一次體驗拔洋蔥的樂趣。

▶ 捕捉真情流露的瞬間

家人在忙碌時的身影、工作中的專注神情，以及家庭聚會時的歡樂場景，都是值得記錄的溫馨瞬間。

爸爸和媽媽一起在廚房準備晚餐，不看鏡頭，自然互動。

幽默的肢體動態，增添了拍攝畫面的趣味性。

透過樹葉縫隙的拍攝方式，捕捉到了家人專心採集豆莢的場景。

▶ 捕捉智慧與慈愛

爺爺、奶奶臉上的皺紋，記錄著歲月的痕跡，他們的眼神中充滿了智慧和慈愛，每一道皺紋都述說著一段故事。

爺爺和奶奶臉上洋溢著歲月的痕跡和深深的愛意，散發出溫暖和慈祥。

YA! 表現　最美的照片往往來自於最真實的情感和瞬間

拍攝家人最重要的是捕捉到他們的真實情感和自然狀態，你最想要拍哪一個家人呢？是自然地拍還是刻意地請他看著鏡頭拍？要拍他正在做什麼事？為什麼想要這樣拍？說說看。

拍出清晰照片的祕訣

在這些美好的瞬間中,我們需要掌握一些拍攝技巧,才能更好地記錄這些畫面。

你可以分辨出哪一張是有「對焦」的照片嗎?

首先,要確保「對焦」準確,對焦就是讓我們想拍的東西變得清晰。如果對焦不準確,照片中的主體就會模糊,看不清楚。那麼,對焦該怎麼做?

▶ 自動對焦

現代的相機和手機都配備了自動對焦功能，這使得拍攝變得更加方便和簡單。這些設備能夠自動找到畫面中的主要部分對焦，確保照片的清晰度。

▶ 指定對焦

在某些特殊情況下，手動指定對焦，除了能對準焦點外，也會同時自動測光，以確保拍攝對象清晰可見。尤其在強烈逆光、昏暗環境、近距離拍攝，還是主題較小的情況下。

下次你可以這樣試試看，不僅能提升照片的質感，還能精準傳達拍攝的主題和氛圍。

通常，點擊螢幕後，會出現一個方框，這表示相機已經「對焦」在你所點選的區域。

▶ 多點對焦

　　當我們在拍攝有多個物體或動態的場景，比如家人聚餐，或是孩子騎腳踏車等，手機很聰明，能自動選擇多個對焦點，以確保照片中的主要部分都清楚。在拍攝人物時，通常會對焦在人物的眼睛或臉部，這樣可以確保照片的主要部分是清晰的。

你也可以用手指點一下螢幕上的主題位置，這等於告訴手機：「請將焦點對在這裡。」

　　記住這些技巧，讓你的每一張照片都更加出色。

Wow! 發現

　　使用腳架可以大幅提升手機拍攝的成功率，特別是在需要長時間穩定拍攝或特定需求的情況下。

- 增強穩定性
- 靈活調整角度
- 適合遠距拍攝、夜間攝影和自拍

人物拍攝三部曲

攝影可以展現出人物不同的魅力和特點。不同的拍攝方式，能夠讓照片更動人。

全身照

拍攝全身照時，將人物全身放在畫面的中間，照片平衡穩定，強調人物的重要性，讓人物的姿態和動態展現出來。

確保人物的腳完全在畫面內

02 住家　035

半身照

通常拍攝取景在腰部以上，能夠同時突出人物的姿態和表情，並保留一部分背景。

選擇簡單、乾淨的背景，可以突出人物主體。

特寫

重點在局部，如果是臉部特寫則通常會聚焦在眼睛，因為眼睛是心靈的窗戶，捕捉到眼睛的情感和細微表情，能夠讓照片更具感染力。

特寫可以將人物的內心世界和情感真實地展現出來，是最能打動人心的拍攝方式。

Wow! 發現

　　拍人物照時，構圖和裁切非常重要。不當的裁切會讓照片看起來不自然，甚至影響整體效果，尤其最忌裁切到身體關節部位。

　　以下是一些應該避免切割的部位，幫助你拍出更好看的照片。

> 拍人物照時，避免在頭頂、脖子、肩膀、手肘、手腕、膝蓋、腳踝和手指處裁切，這樣可以確保照片看起來更完整和自然。

02 住家　037

合理的裁切，更能聚焦在你關注的焦點。

用照片寫家族日記

　　拍照當作家族日記，是記錄和分享家庭生活的方式，可以考慮製作一個有序列的照片集。這種集合可以按照特定的主題或時間軸來組織照片，例如：從家庭成長的不同階段，或者是某個特別事件的全程紀錄。

　　如此，照片集不僅是簡單的瞬間凝固，更像是一部生活故事的章節，每一張照片都承載著豐富的情感和意義。

　　想一想，你還有什麼拍攝方式可以訴說家人的故事？

02 住家　039

YA!表現

　　拍人像攝影不一定要刻意的擺拍才叫好作品，有時自然側拍，或是用多張照片組合，以說故事的形式記錄與家人之間的情感，這也是一種「影像的表現力」。

　　現在換你試看看，你想為哪一個家人說故事呢？

Cure
my style：美好時光

寄情花海

JANE

母親悉心照料植物的神態，讓我想到她總是用同樣的方式來呵護我。

辛勤工作的手，是她對家庭無私奉獻的見證。

盛開的花朵與她臉上的笑容相呼應，那是我心中最溫暖的風景。

作者用三張照片串起母親寄情於花園的生活寫照，讓人感受到母親對大自然的熱愛，更表達對母親的深情與愛意。

解讀 拍攝人像的密碼

　　拍攝人像是一門有趣的藝術，除了要懂得一些技巧，還要了解被拍攝的人，抓住他們的真實情感和故事。

1. 為什麼在拍攝家人照時，自然的狀態比刻意擺拍更重要？

2. 本文提到在拍攝人物時應避免哪些裁切位置？這樣做的原因是什麼？

3. 分享你的拍照計畫：
   (1) 想一想，你最想以誰為對象來練習人像攝影？
   (2) 說說你會怎麼拍這些照片？用哪些技巧來表現？
   (3) 說說看，為什麼你想這樣拍？

走讀資訊站

用照片介紹家人

1. 拍攝地點：
2. 拍攝對象：
3. 照片記錄（用多角度照片說故事，例如：全景、局部、特寫）：
4. 用文字描述你的想法與感受：

馬祖
金門
基隆市
臺北市
桃園市
新北市
新竹市
新竹縣
宜蘭縣
苗栗縣
臺中市
彰化縣
南投縣
雲林縣
花蓮縣
嘉義市
嘉義縣
澎湖
臺南市
高雄市
臺東縣
屏東縣
小琉球
綠島
蘭嶼

03

餐廳

相機先食的餐桌分享

王麗惠

餐桌上的美食
P. 046

神奇的構圖
P. 050

攝影小提醒
P. 062

成為「美食」
攝影大師
P. 064

解讀
拍攝美食的密碼
P. 066

方框裡的神奇構圖
構圖的方式

坐在餐桌前,看著藝術品般的美食,除了當下的大快朵頤,是否也希望這令人食指大動的瞬間,能在日後回味?一張好的美食照除了能表現出美好的視覺與味覺感,也能拍出扣人心弦的故事。

　　如何運用手機捕捉食物的美味?一起將餐桌上的色、香、味,變成有溫度的美食照吧!

餐桌上的美食

　　吃是生理的需求,但絕不只是「吃飽的需求」而已,還承載著許多與親友相聚的情感,所以飲食常常與回憶連結在一起。例如:有些食物會讓我們回憶起「媽媽的味道」,或是想起「家鄉的滋味」。

美食經常能勾起具有情感的回憶

03 餐廳　047

當我們吃到美食，就會想要拍照記錄，分享給親愛的家人或朋友，也希望有機會能和他們一起享用。

如何拍一張好的食物照片，讓我們一起來探討吧！

曾經有過這樣的經驗嗎？食物上桌不是動餐具，而是動相機。

048 ● 小學生攝影走讀

　　有些食物或料理，讓人吃過之後會想再吃一次；也有些餐廳不只是料理的色香味俱全，連擺盤都成為一門藝術，不但嘴巴吃得到，雙眼所見，也都是視覺的饗宴。這時，你是否也希望時光就此停留？將此美食盛宴收入記憶的囊中。

各式各樣的美食，讓人看了垂涎欲滴。

Wow！發現

　　美食當前，你最想先取用哪一道食物？說說看你的理由是什麼？是以下這些原因嗎？還有哪些理由？試著寫出來。

食物的形狀	食物的顏色	食物的擺盤

其他的理由

神奇的構圖

　　拍照前，快速將美食擺好角度，以抓住美味的瞬間，這些美食照片是如何拍出來的？

　　首先，想讓視覺聚焦，構圖是重要的訣竅。現在就讓我們打開相機，談談幾個構圖的小技巧。

03 餐廳　051

　　相機中的「取景框」有幾種不同模式可供選擇，有中心點對焦框，也有井字模式，這些都是拍照重要的輔助工具，手機裡面都找得到，選一個你習慣使用的取景框開始拍照吧！

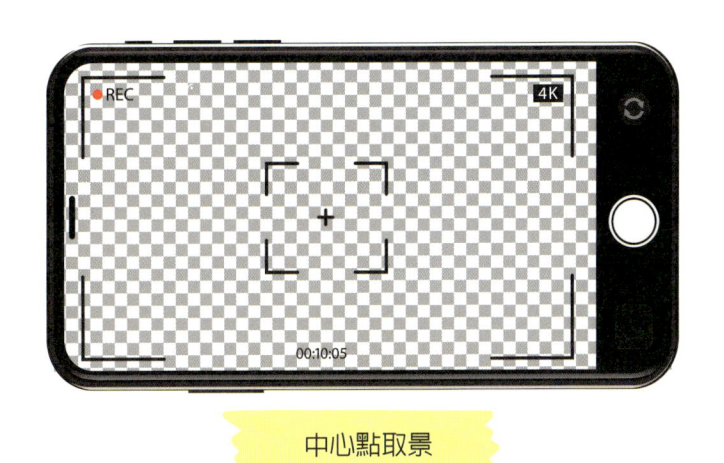

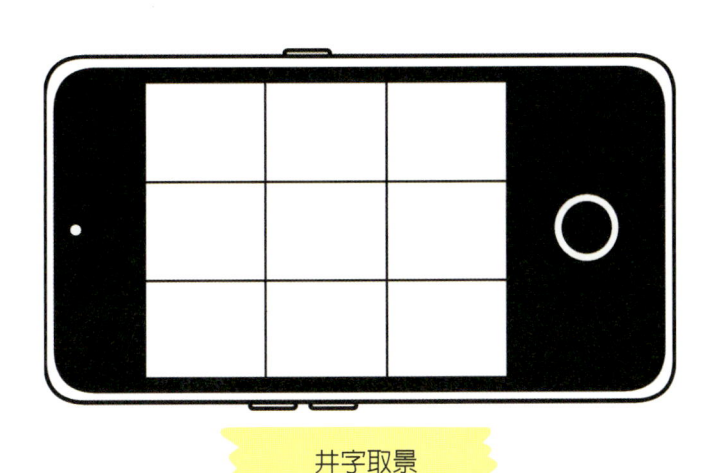

中心點取景

井字取景

「中心點構圖」是拍食物最常用的構圖，將拍攝的物體放在畫面中央，精簡元素，很容易就能拍出好照片。但是，只能這樣拍嗎？

一般人拍照都會習慣把主體放中間，一定要這樣放嗎？有沒有不一樣的擺放方式？或是別的拍法？

中心點構圖畫面重心集中，呈現安定感。

多拿個甜點擺放，畫面就有不同的變化。

換個位置拍，是不是感覺又不同。

03 餐廳　053

換個角度拍攝，你覺得好看嗎？

Wow! 發現

　　不同的排列組合和拍攝位置，可以讓畫面呈現多樣性的變化，你喜歡哪一種？寫寫你的理由。

054 ● 小學生攝影走讀

　　「井」字構圖是最實用的構圖法，相機打開時，取景框中的隔線就是它，這四條線形成四個厲害的交會點，只要將畫面主體貼近或貼在這四點上，畫面看起來就會平衡協調。

　　拍飲料時，你可能不知道主體要放在哪個位置，其實只要貼在至少其中一個交會點上，一張不錯的構圖就搞定。

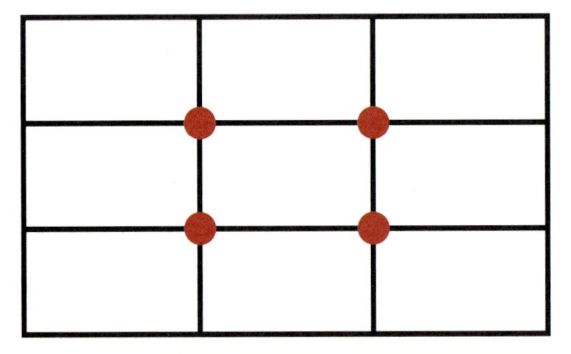

四條線將畫面平均分成九等份，因此，又稱為九宮格構圖。

只要將主體放在點上，就能拍出好照片。

03 餐廳　055

再試試水果和茶壺，幫它們各自物色一個不錯的交會點：可以剛好貼在點上面，也可以靠近點的附近即可。

掌握這些技巧，就可以拍出好相片。

只要掌握井字構圖技巧，不管什麼場景都能拍。

飲料配上自然素材，感覺更清爽。

YA!表現

用餐時間，你也試著利用井字構圖，編排與點綴桌上美食，拍出有故事的美食照片。

「對角線構圖」就是將主體放在對角線上，增添變化性。例如：將長盤置於斜線上，是不是覺得盤子更長？盤中的握壽司種類更多？極大化主體長度的視覺效果。除此之外，也可以配合畫面需求，將圓盤或其他的食物擺盤呈對角線排列，也會有異曲同工之妙喔！

也可搭配其他餐點，讓畫面更豐富。

對角線構圖，讓畫面呈現立體感與縱深。

「對稱構圖」就是畫面的上下或左右有著相同的元素，不僅具有均衡感，也給予觀賞者穩定的感覺。

畫面上的葉子雖然不完全對稱，但整體感是一致的。

058 小學生攝影走讀

「曲線構圖」能引導視線的韻律感。畫面中的叉子、三明治及飲料杯，由低至高擺放，營造出具有高低起伏的動態，讓整體更活潑、更有層次感。

加上叉子和飲料的早餐，更顯豐盛。

湯匙引導觀者視線，由近而遠。

03 餐廳　059

「三角形構圖」是讓畫面以三角形呈現，在拍攝中可以先確定主體，再找兩個配件點綴，讓畫面形成三點分布，呈現穩定與平衡感。

一個杯子的畫面，看起來有點空洞。

有了飲料、麵包、甜點，畫面更豐富。

來喝一口香甜的檸檬紅茶吧！

用餐少不了飲料的搭配，我們來欣賞以下的照片，各式各樣的飲料，因為不同的組成與構圖，產生不一樣的氛圍，你發現了嗎？

A

B

E

C

D

Wow!發現

　　請仔細觀看照片A～E，看看符合哪些構圖方式，有些照片，可能同時符合多種構圖方式，你可以在圖片上面畫出來，並在下面的空格中，填入適當的字母（可以複選），試著分類看看。

- 中心點構圖　【　　　】
- 井字構圖　　【　　　】
- 曲線構圖　　【　　　】
- 對角線構圖　【　　　】
- 三角形構圖　【　　　】

攝影小提醒

幾個貼心小提醒：下方的盤子雖然被切掉邊角，但是仍可知道它是圓的，這是眼睛和大腦產生的認知經驗，所以即使盤子超出畫面的構圖，我們會自己腦補，也可以達到一樣的效果。

試看看！使用相機中的「人像攝影」功能，可以讓主體更清晰。

拍出食物正在被享用的畫面，更能促進食慾。

Wow! 發現

03 餐廳　063

　　因為光源的位置,有時手機的影子會正好在食物上,有什麼辦法可以閃過這個黑影呢?

　　首先,你可以移動手機的位置或運用放大影像的方式拍攝,影子就不會在畫面中了。其次,你也可以調整拍攝的角度,就可以輕鬆避開黑影。

手機不要在光源正下方。

調整攝影角度,從側面拍。

移動手機位置,避開陰影。

成為「美食」攝影大師

　　有沒有這樣的經驗？美食一出現，就有人喊：「等一下！」不是立即搶著享用，而是調整角度進行拍攝。將味道的記憶留存在畫面中，是拍攝美食照片的原因。就連冰淇淋這種要搶在融化前趕快品嚐的甜品，也逃不過「等一下！先拍！」的命運。

　　試著拍攝你喜愛的冰淇淋，什麼樣的構圖會讓冰淇淋看起來更好吃？或是呈現不同的風味？

中心點構圖，將冰淇淋完整呈現，讓大家知道我想吃冰淇淋。

用井字構圖陳列出不同的口味，表現多樣的選擇。

03 餐廳　065

用三角形構圖，表現冰淇淋豐富多元的口味。

用中心點構圖，滿版畫面表現冰淇淋絲滑的口感。

YA!表現

　　除了冰淇淋之外，你還想用攝影和大家分享什麼食物？說說看為什麼選擇它？要如何拍？

　　讓食物當主角，用照片描述它的味道與口感，或是辦一場照片的好「食」光展覽，互相分享食物與生活、食物與情感的回憶吧！

解讀 拍攝美食的密碼

　　許多人用餐前會用心拍攝美食，是希望能夠與人們分享自己的感動；畢竟獨自用餐容易讓人感到乏味。而拍照時透過對餐點色、香、味的仔細觀察，也會讓拍攝者覺得眼前的餐點更好吃喔！

1. 什麼狀態下會拍攝食物？或你何時會想拍攝食物？

2. 你認識構圖的技巧嗎？

3. 如何善用攝影的構圖呈現可口的美食？

4. 說說看你的美食攝影小技巧是什麼？

03 餐廳　067

📍 走讀資訊站

　　於地圖上，標示出讓你留下深刻印象的餐飲所在縣市，做成專屬你的美食拍攝紀錄。參考「我的美食地圖」自行在空白處增加更多內容。

我的美食地圖

1. 餐廳所在縣市：

2. 美食介紹：

04

歡聚與出遊

生活定格，我來了

張美智

為生活留下紀錄
P. 072

光圈、快門與閃光燈
P. 074

倒數321 喀擦！合照完成
P. 080

拍照不求人「自拍」搞定
P. 084

解讀拍攝合照與自拍的密碼
P. 092

濃縮快樂的合照與自拍
認識光圈、快門、閃光燈

校慶、運動會、畢業典禮、戶外教學、校園生活……老師為我們拍照；家庭活動、聚會旅行……家人為我們記錄。

　　有人用文字寫日記，有人用彩筆畫心情，有人用照片收藏見聞。現在請你擔任攝影任務，自信地將相聚時的每一刻存入影像中吧！

為生活留下紀錄

　　和親愛的朋友、家人、師長在一起，想記錄許多美好的時刻，單憑腦子強記，時間一久，許多細節容易遺忘。哪一天聊起來的時候，可能還完全忘了有這件事。

　　如果能拍攝影像，就可以喚起回憶，甚至感受到當時的情緒、環境與氛圍。

運動場上拚盡全力的努力姿態

生日時許下心願，吹熄蠟燭的快樂瞬間。

04 歡聚與出遊　073

生活中曾經有哪個時刻，你會喊著：「我想拍照！」、「快！用手機幫我拍照。」強烈、立即地想要拍照留念呢？

第一次學會某項技能

耶！我成功了！

嘗試新鮮有趣的事

快看看我做的！

光圈、快門與閃光燈

▶ 光圈

拍照前先來認識攝影的兩個好朋友，他們一個叫做「光圈」、一個是「快門」。必須合作無間，才能確保影像能夠出現。

相機

光圈

鏡頭

手機

相機的機身連接一顆鏡頭，鏡頭內有一個可以控制展開大小的螺旋片稱為光圈。
手機的鏡頭雖然很小，也有類似的設計。

04 歡聚與出遊　075

Wow! 發現

光圈的大小影響光線進入的量，構造像人類的瞳孔。

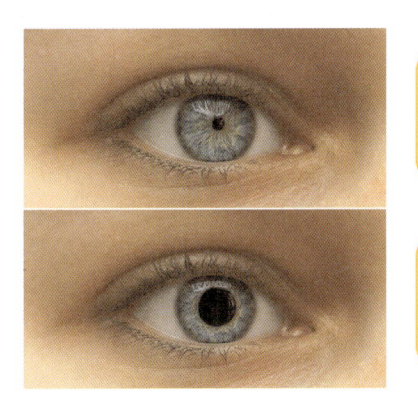

光線強烈的時候，瞳孔縮小，減少進入眼睛的光量。

光線微弱的時候，瞳孔放大，增加進入眼睛的光量。

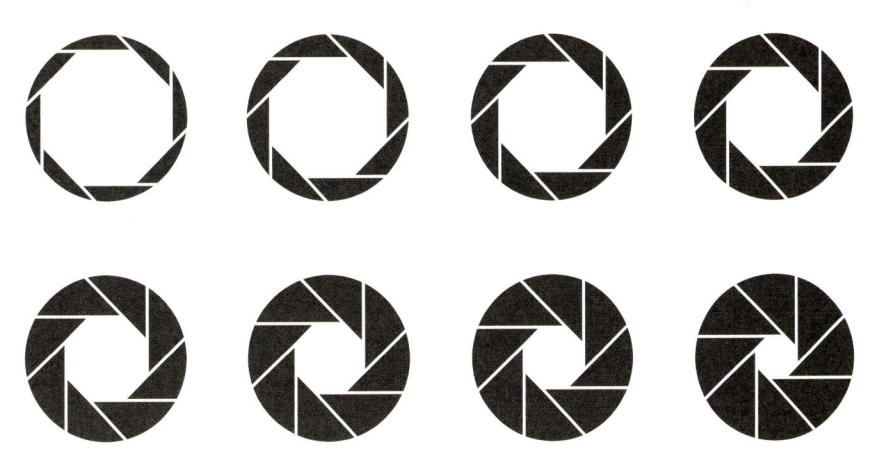

▶ 快門

　　只靠光圈還不足以做好拍攝工作，我們還需要「快門」來幫忙。光圈大小控制進入的光量，快門速度控制光量進入的時間長短。

相機上方有一個寫滿數字的旋鈕，那就是調整快門的地方。看見B、1、2、4……60……1000？知道是什麼意思嗎？

B代表自行設定時間，1代表1秒，2代表1/2秒，接著是1/4秒……1/60秒……1/1000秒，要讓影像顯現需要適度的光量，太多會「曝光過度」，太少則「曝光不足」會黑漆漆看不清。

曝光過度的影像

曝光不足的影像

Wow！發現

注意到了嗎？快門旋鈕數字60是紅色的。要提醒速度如果低於1/60秒，容易拍出晃動的畫面。

快門較慢，例如：1/30、1/15，都容易造成畫面晃動。

▶ 閃光燈

當光圈與快門都搭配良好，但是照片拍起來還是黑漆漆、看不清細節的時候，就要出動「閃光燈」了。

閃光燈是光線不足時，補光的好工具，例如：在傍晚逐漸進入晚上的時間、室內照明不足、背景光線太強，導致拍攝的主題暗黑的時候，都應該使用閃光燈。

攝影設備大多有內建的閃光燈功能，可以進行拍攝補光。

04 歡聚與出遊　079

　　一般而言，使用自動調整的拍攝功能，例如手機、平板的攝影電子元件，能自動偵測環境的光線，決定是否需要開啟閃光燈。

　　但有時候拍攝者會因為拍攝的表現而自行決定需要強制開啟閃光燈或強制關閉閃光燈。找找看家裡的拍攝設備是否有下方的圖示？

強制開啟閃光燈

強制關閉閃光燈

內建的閃光燈其實光量並不足夠，而且過於正面直射，只能對近距離的拍攝主題進行補光，能最低限度使拍攝影像清晰。
專業攝影棚的補光設備會使用更多光源，或利用反射光使光線平衡、柔和。

倒數321　喀擦！合照完成

　　幸運的是，現在的攝影設備非常普遍，隨手可用而且都有自動調整的功能，因此有人稱為「傻瓜」相機。意思是就算不用大腦思考，沒有專業訓練，也可以拍出清晰的影像。

　　因此來試著拿出手機或平板記錄生活吧！先來練習拍攝歡聚時刻的團體照。

把所有的人完整拍到，是剛開始基本的想法。但是，通常我們不會止步於此。

全部都拍到囉！而且上下左右還保有適宜的空間。

04 歡聚與出遊　081

一群人在鏡頭前如何快樂入鏡？拍攝的人是唯一能看見觀景窗與螢幕的人，所以除了按下拍攝鍵，同時必須安排畫面，確保拍攝的表現。

看著鏡頭，滿臉笑容，此時是按下快門的好時機！

引導大家改變動作與姿態

用幽默與稱讚的話語，帶動拍攝的氣氛。

好的拍攝者：①能知道何時是按下快門的最佳時機，②會引導大家做出不同的姿態，③帶動拍攝的氣氛。
如果能做到這三點，你已經能開始享受拍攝合照的樂趣了。

082 ● 小學生 攝影走讀

　　合照時可以做哪些調整讓照片更出色？動與靜、近與遠、全身、半身或頭部特寫、高低角度的改變，試著做做看，和同學一起拍攝並討論，看誰能突破僵化的木頭人、排排站，拍出令人驚喜的合照。

動與靜，突破僵硬的木頭人

近與遠，哪一個構圖更吸睛？

04 歡聚與出遊　083

　　分辨哪一張是全身照？半身照？頭部特寫？哪一張攝影者蹲低低、站高高、被包圍？

拍照可以有手勢、有前後高低各種組合變化，照片是拍攝者和被拍攝者愉快合作的作品。

答案

全身照：1、4、5　　攝影者蹲低低：1、2、4
半身照：3　　　　　攝影者站高高：3
頭部特寫：2　　　　攝影者被包圍：2

拍照不求人　「自拍」搞定

　　拍攝合照時，經常會有一個遺憾，就是團體照總是少一人。當攝影師也想入鏡時怎麼辦？聘請隨行攝影師？輪流擔任攝影師角色，每張團體照都要拍2張？

　　別煩惱，這時候就要運用手機和平板的「自拍」功能。

請攝影師拍攝

直幅自拍

橫幅自拍

04 歡聚與出遊　085

　　自拍時，請使用與螢幕同一面的「前置鏡頭」，成年人的手較大，可以單手操作，小朋友的手小、手指的力量不足，建議還是雙手自拍。

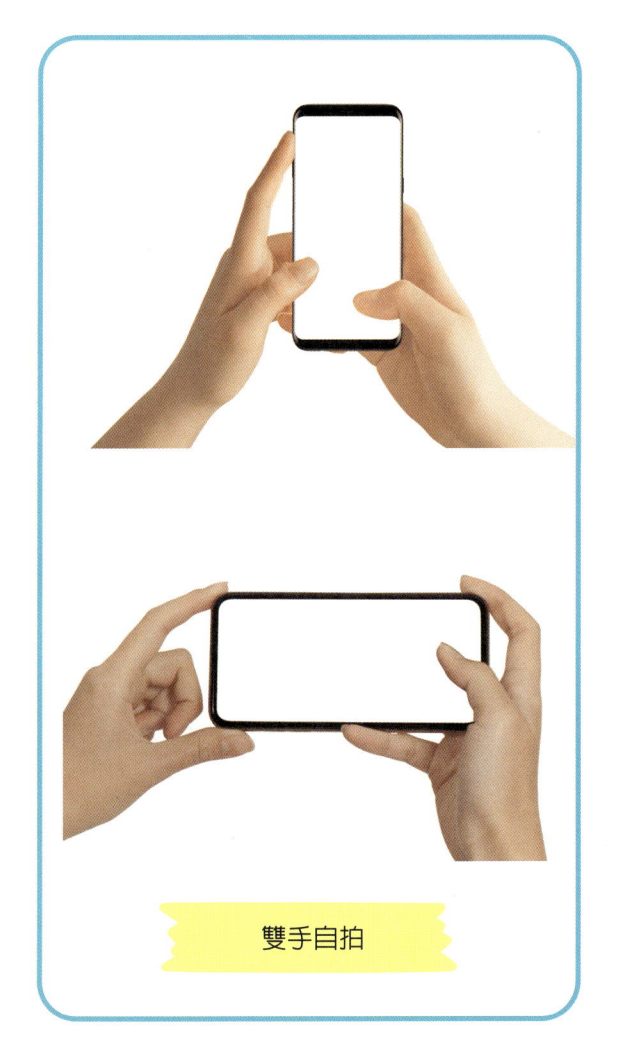

雙手自拍

單手自拍

無論何種拍攝方式，都是以慣用手的拇指按壓拍攝鍵。

來欣賞自拍照,並從中找到拍攝的關鍵。

① 誰負責擔任自拍攝影?

② 自拍時拿設備的手臂動作如何?

③ 被拍攝的人要站在哪裡?

④ 如何避免後方的人物模糊?

自拍時,手臂伸直,距離拍攝主題越遠越好。

手臂比較長的人,適合擔任自拍的任務。

刻意拉長距離,讓畫面更有深度感。

04 歡聚與出遊　087

所有的人都集中到拍攝者的手臂另一邊

人像模式　　風景模式

如果發現拍攝的結果，後方的人物模糊，應該是使用了「淺景深」的「人像模式」，只要改換為一般拍照模式或風景模式即可。

發現這些照片都有共通點嗎？頭全部擠在一起、拍照的手舉得很高。為什麼要這樣做呢？因為受限於手臂長度，無法將設備與拍攝主題拉開距離，而距離近造成的結果，就是能拍攝的畫面變小了。

畫面只足夠容得下大家的臉而已

高角度可以拍攝更多人或背景

再怎麼拍，也只能拍到半身的合照。

04 歡聚與出遊　089

「自拍棒」讓距離拉遠，畫面更自然。

「自拍棒」也讓拍攝者不會因為在最前方的位置，而變形或顯得臉特別大。

Wow! 發現

運用計時器、連拍功能或攜帶腳架，可以有更寬裕的時間調整構圖，選出大家都滿意的合照。

不同品牌的手機、平板、相機的操作方式及代表的圖案會有所不同，了解拍攝的功能、懂得原理，就能自由運用。

按下拍攝鍵之後延遲時間拍攝，建議選擇10秒。

按下拍攝鍵可以連續拍攝許多張照片。

發現這二張照片如何在沒有使用自拍棒的狀況下，拍攝出更多人的合照？

要拍攝超過4個人的自拍團體照是不容易的事，有一個辦法就是攝影的人與其他被拍攝的人拉出一段距離，但是距離拍攝者越遠會變得越小或越模糊。這時候若有腳架，加上計時器的設定，一切難題就迎刃而解了！

04 歡聚與出遊　091

YA! 表現

　　學了這麼多,來進行合照和自拍練習吧!以下有幾個拍攝情境讓你挑戰,或是也可以和朋友互相出題目,讓拍攝的表現有更多可能。

① 從2人、3人、4人、5人逐步練習,看誰拍的照片令人印象深刻?
② 你會用什麼方式自拍?試試看將手平舉、高舉、放低拍攝的差異。
③ 認識拍攝設備的功能,每一種都試試看,互相分享新發現。

拍攝出具有故事、劇情的畫面,加上文字和語言描述,讓合照與回憶更生動。

解讀 拍攝合照與自拍的密碼

　　你會和誰合照？當然是你喜愛並親近的人，例如：家人、同學、朋友。合照就是為了記錄美好時刻，讓所有人的影像都清晰、大家都滿意相片中的自己與當時的情境。

1. 什麼狀況下會拍合照？或你何時會想要合照？

2. 你認識光圈、快門與它們之間的連動關係嗎？

3. 請你擔任合照的攝影師，如何讓照片拍攝的氣氛更愉快、畫面更有變化？

4. 說說看，自拍要注意的重點有哪些？

04 歡聚與出遊　093

走讀資訊站

請在右圖標示你拍攝合照與自拍照的①縣市、②地點，並③摘要記錄拍照的原因或④印象深刻的記憶點。

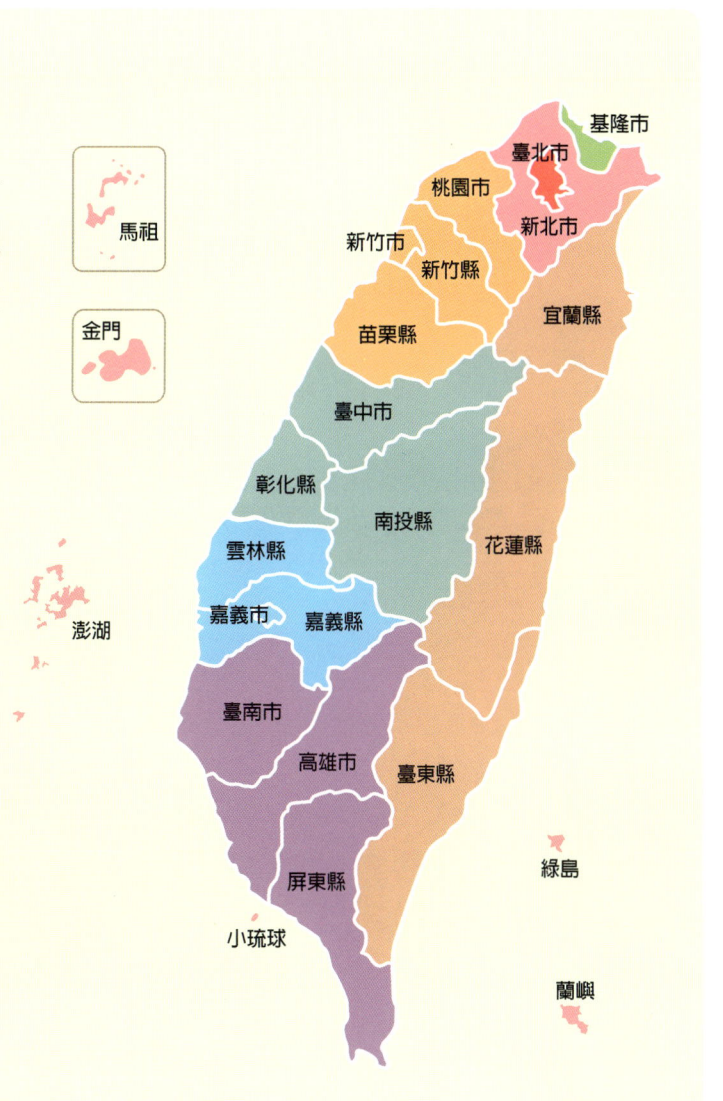

馬祖

金門

基隆市
臺北市
桃園市
新北市
新竹市
新竹縣
宜蘭縣
苗栗縣
臺中市
彰化縣
南投縣
雲林縣
花蓮縣
嘉義市
嘉義縣
澎湖
臺南市
高雄市
臺東縣
屏東縣
綠島
小琉球
蘭嶼

05

REC 00:00:05

花園

來吧！再靠近一點

黃咨樺

1/3x

近、中、遠的
層次構圖
P. 098

對焦的選擇
P. 104

手機的
多鏡頭配置
P. 108

再靠近一點
P. 110

解讀有層次的構圖
及近攝密碼
P. 114

有層次的構圖與近攝探險
遠近構圖、鏡頭特色

生活中有許多親近大自然的機會，草叢、花圃、綠園道……，當我們被植物環繞時，是否仔細觀察過它們的千變萬化呢？

　　無論是透過取景框，感受雙指在畫面上滑動的變化；或是透過構圖與對焦的選擇，讓畫面充滿層次，都能讓你重新發現花園的美唷！

近、中、遠的層次構圖

　　如果眼前有一片花海，要如何選擇拍攝重點呢？透過取景框看到的畫面是平面的，但實際上景物是立體的，所以拍攝時，隨時可以拉遠、調近、舉高、放低……，同一個場景也能因拍攝畫面的選擇，充滿變化。

將鏡頭拉近拉遠、或是走進花田裡，同一個花田可以拍出不同的照片。

05 花園　099

每一支手機的拍攝範圍不太相同，試試看運用手勢放大、縮小來取景。

滑動手指，由遠而近的構圖，能找出手機的最大和最小的對焦範圍。

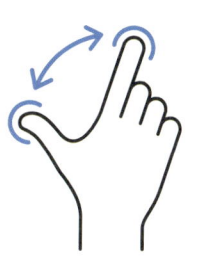

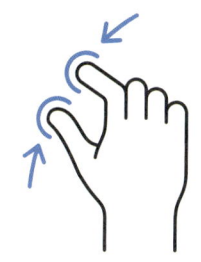

YA!表現

找一個目標物並對焦，試著將畫面放到最大拍一張、縮到最小也拍一張，找找看手機的對焦範圍？

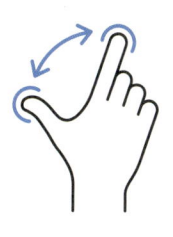

放大
能看清楚較遠的景物

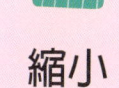

縮小
能看到更廣的景物

從景物構圖的遠近來看，可以簡易的將畫面分為：近景、中景和遠景。「近景」是最靠近攝影者的位置，也稱為前景；「遠景」則距離攝影者最遠，有時只是襯托畫面的背景；而「中景」則是介於近景與遠景之間。

近景最靠近攝影者、遠景則最遠，這是簡易的區分方式。

近景、遠景沒有一定的劃分方式，攝影者可依據現場的景物來構圖。

05 花園　101

身處花田裡，不同視角，也能呈現不同的近、中、遠景。

　　當攝影者站的位置不同，同一風景所呈現的近、中、遠景也會因此不同。拍攝前先嘗試各個方向，或近看、或遠觀，觀察各種包含近景、中景、遠景的角度，找出自己最喜歡的構圖安排。

攝影者走動觀察，選擇喜歡的位置和拍攝角度。

仔細看看下面幾張照片,如果從景物遠近構圖的角度來看,有發現什麼差異嗎?哪一張構圖更有變化呢?

我們可以發現,取景的安排呈現近景、中景甚至遠景時,一層層的景物相互襯托,層次顯得更豐富,因此有人稱此安排為「有層次的構圖」。

圖1、圖3的構圖,讓畫面產生近、中、遠,層次更豐富。

05 花園　103

層次豐富的構圖，可以展現情境，又可創造氣氛。

　　構圖的選擇，通常會依據當下的拍攝情境來調整，只要多方嘗試，一定可以抓住美好的瞬間，拍出自己喜愛的照片。

YA!表現

　　嘗試拍攝一張「有層次構圖」的相片吧！

近　中　遠

對焦的選擇

有時候攝影師會運用不同的對焦位置,讓畫面產生清晰與模糊的對比,而形成畫面的層次。就好像在某處打上聚光燈一樣,視覺會自動聚焦在清楚的景物上。

找找圖片中的對焦位置,也就是其中最清晰的地方,位置是屬於近景、中景或是遠景的對焦呢?

近景對焦:對焦點在最前面的物件上,畫面呈現更明顯的前後關係。

中景對焦:近景和遠景都模糊,襯托出中間的主角。

> 遠景對焦：對焦點在最遠的建築上，與前景的櫻花、中景的樹木相互輝映。

　　這幾種方式中，「近景對焦」是最容易拍攝的一種方法；而「遠景對焦」的照片因為要把遠方景物作為主角對焦，通常需要它的體積較大或輪廓較明確，才能拍攝成功。

> 有層次的構圖，加上對焦點的選擇，讓畫面更有故事性。

除了視角較低的花田，選擇視角較高的櫻花、楓葉為近景，人物或建築物作為中景或遠景，可以為照片取景帶來更多的構圖變化。

櫻花在樹枝上視角較高，搭配遠景建築物的線條和輪廓，為畫面帶來更多的變化。

向日葵種在地面視角較低，以人物為中景，花與人相互襯托。

透過取景框尋找主角，運用點選手機畫面對焦的方式，讓清晰和模糊相互襯托，產生近、中、遠景的層次。

05 花園　107

YA！表現

觀察下面照片，分別是哪種對焦方式，請連連看。

前景對焦

中景對焦

遠景對焦

手機的多鏡頭配置

　　仔細瞧瞧，手機上有幾個鏡頭呢？你是否發現通常相機只用一個鏡頭，而手機鏡頭卻隨著時間進化越來越多，這麼多鏡頭到底有什麼用途呢？

手機的鏡頭從一顆發展到多顆

手機鏡頭越多，拍照效果就越好嗎？

　　手機成為現代生活中最方便的相機，也因此許多手機大廠不斷的研發畫素更高、功能更多的鏡頭。

05 花園　109

　　手機鏡頭越多，拍攝的選擇就越多、效果也越好。不同廠牌、不同位階的手機，會有不同的鏡頭組合，市面上常見的除了主鏡頭外，可能還配有超廣角鏡頭、廣角鏡頭、望遠鏡頭等等。

Wow! 發現

拍攝不同情境就會使用不同鏡頭，手機會依據所需情境，自動調整使用鏡頭。例如：想涵蓋更多景物是使用超廣角鏡頭拍攝；想將較遠的物體拉近拍攝則使用望遠鏡頭等。

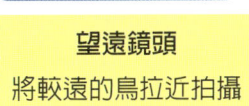

望遠鏡頭
將較遠的鳥拉近拍攝

超廣角鏡頭
讓拍攝範圍更大、更廣

再靠近一點

哇！這毛茸茸的東西是什麼呀？玩偶嗎？還是地毯呢？當我們再靠近一點，拍攝物體的一小部分，看不出全貌時，就會發生一些有趣的聯想喔！

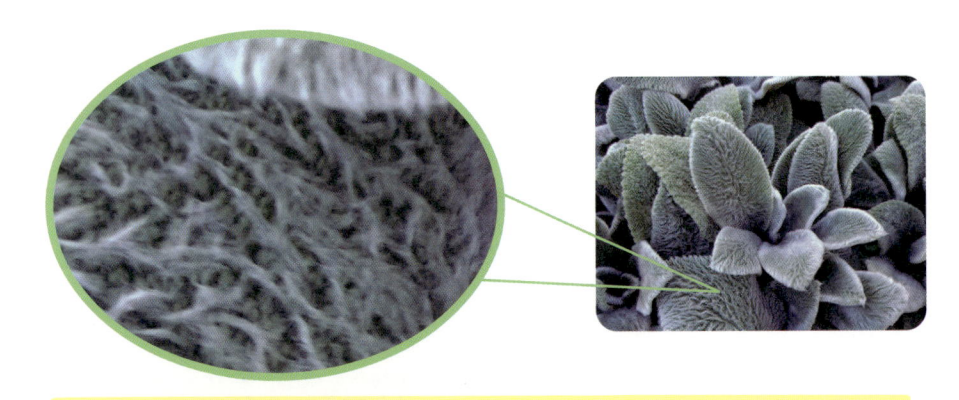

毛茸茸的部分原來是多肉植物上面的細毛，在近距離拍攝時顯得抽象。

向日葵花蕊在近距離拍攝時，你覺得看起來像什麼？

05 花園

看過玫瑰花嗎？花瓣有紋路嗎？葉子是圓的嗎？葉緣有鋸齒嗎？花莖上是否有刺？若有，刺的大小一致嗎？這些平時忽略之處，透過鏡頭來觀察，是不是都能找出答案？

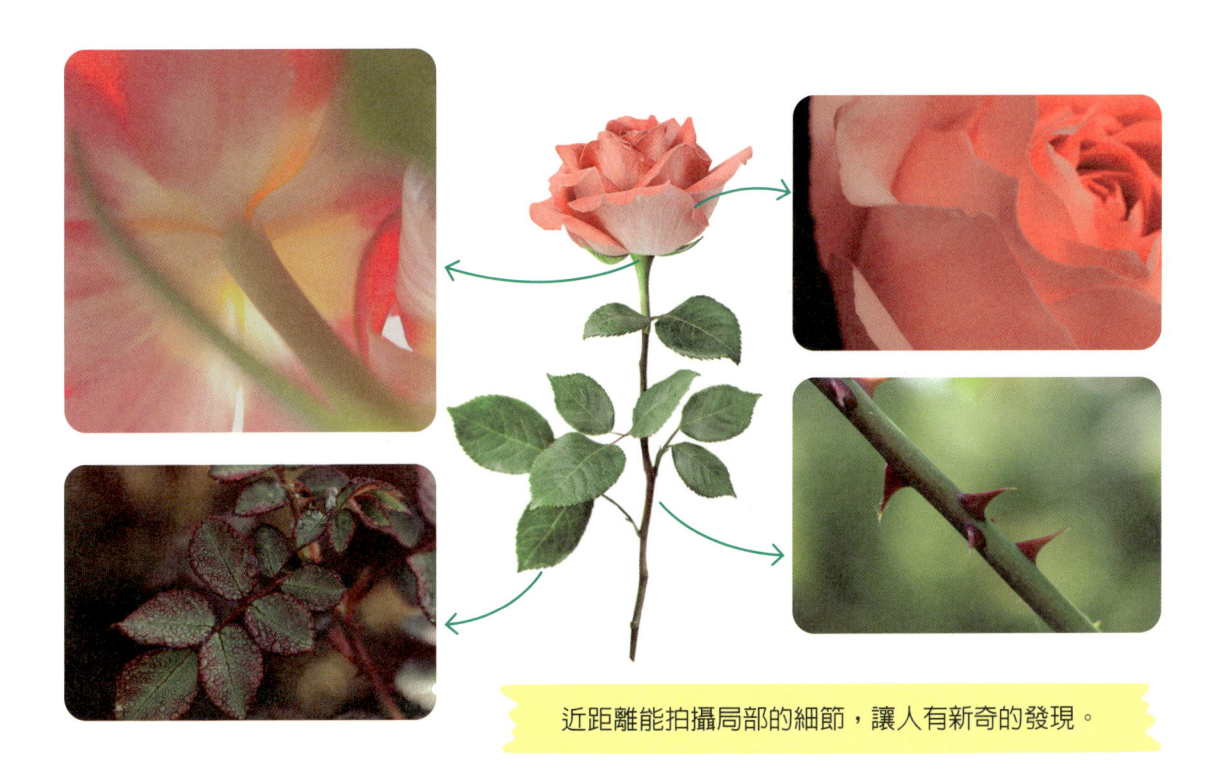

近距離能拍攝局部的細節，讓人有新奇的發現。

一朵花，從花蕊、花苞、花瓣、花托，一直到莖與葉，都可以在近距離的拍攝中，透過鏡頭觀察它的細節與質感。

近距離拍攝,稱為「近攝」或「近拍」。不同廠牌手機,最短的對焦距離不同,試著將鏡頭靠近物體,使用雙手輔助讓相機穩定,在畫面清晰的情況下,距離物體最近的位置,就是「最短對焦距離」。試著找出目前使用手機的「最短對焦距離」吧!

練習近拍建議使用雙手,能讓畫面穩定,也更容易成功對焦。

手機鏡頭與拍攝物之間,有固定的最短對焦距離,太近會無法對焦,就拍不出清晰的照片。

當鏡頭聚焦到很細微的地方,就像拿著一把放大鏡穿梭在花叢間探險,獲得意想不到的發現。

05 花園　113

Wow!發現

手機鏡頭有它的極限，如果還想拍攝更近的距離、放大更高的倍率，可以選擇加上「外加鏡頭」。

鏡頭正面

鏡頭側面

這個外加鏡頭的功能是「顯微」。將外加鏡頭（如左圖）夾在手機鏡頭上，就能放大鈔票，觀察圖案細節。

你的學校、社區、家鄉也有花園嗎？你曾在其中發現生態的驚喜、探險的樂趣嗎？

來吧！透過多種鏡頭，再靠近一點，拍出大發現！

找一找，試試近拍帶來的驚喜。

解讀
有層次的構圖及近攝密碼

走進花田，將手機鏡頭舉高、放低，選擇自己最喜歡的位置，嘗試拍攝具有層次的構圖，或透過近攝表現大自然中有趣的畫面。

1. 若拍攝一張「有層次的構圖」的照片，你會如何劃分景物？

2. 近景對焦容易，還是遠景對焦更容易呢？你有拍過嗎？

3. 你的手機有幾個鏡頭？多鏡頭的手機，通常會配備哪些鏡頭呢？

4. 「近攝」或「近拍」可以靠多近？需要注意什麼？

05 花園　115

走讀資訊站

在哪裡拍攝過盛開的花？將拍攝過花的地點標記出來，同時記錄花的名稱及拍攝月份，發現開花的季節吧！

馬祖

金門

基隆市
臺北市
桃園市
新北市
新竹市
新竹縣
宜蘭縣
苗栗縣
臺中市
彰化縣
南投縣
花蓮縣
雲林縣
嘉義市
嘉義縣
澎湖
臺南市
高雄市
臺東縣
屏東縣
綠島
小琉球
蘭嶼

06

動物園

拉近拉遠，可以看更多

王馨蓮

| 走！為參觀留下紀錄 P. 120 | 誰是主角？ P. 121 | 拉近拉遠看到什麼 P. 124 |

| 變化焦距找主題 P. 130 | 用鏡頭捕捉美好 P. 134 | 解讀焦距密碼 P. 136 |

不一樣的焦距
認識焦距、景深

陽光灑落在動物園的每個角落，廣場上踩踏出興奮的腳步聲，小朋友們的笑臉燦爛，跳躍著、奔跑著，在這個充滿生命的空間裡，展開了一場奇妙的探險之旅。

　　用手機記錄下動物園的快樂回憶，讓這些美好永遠留在相片中，試著利用不同的焦距，抓住動物多樣的面貌以及你與動物們的相見歡。

走！為參觀留下紀錄

　　你曾經去過動物園嗎？一隻隻原本只能從書本或螢幕上看過的動物出現在眼前，展示著不同的姿態和神情，相信你一定忍不住想要記錄下這些精彩時刻，拿出你的手機，拍下動物們的生命力，拍下你和動物的互動吧！

你曾經去過動物園嗎？

06 動物園

但是⋯⋯

好大的地方，好多的動物呀！到底要怎麼拍，才能夠抓住這些充滿感動的景象呢？

要拿起手機拍照之前，有些小小的叮嚀

首先，安全第一。你一定覺得很興奮，但是無論動物多麼可愛，在拍攝時還是要留意安全距離，不要太過於貼近柵籠或動物，如果可以互動，也要詳讀注意事項。

接著，要學會尊重動物，不要干擾牠們，避免使用閃光燈，因為突來的強光可能會驚擾動物，讓牠們眼睛不適。

誰是主角？

面對這些活潑多樣的動物們，你會不會因為不知道怎麼拍才會更精彩，而覺得有些不知所措？

我們的眼睛很聰明，在眾多的物件中，會聚焦在想要仔細觀察的主題，而自動忽略掉周邊的物件。但是相機可能沒有你這麼機靈，它需要一些指示，才能夠將眼中所關注的事物，呈現在相機畫面裡，這就是前面我們學過的「對焦」。

面對多采多姿的景象,「對焦」讓相機知道主角在哪裡。

　　而相機裡的「焦距」,就像是一個魔法鏡,透過調整焦距,你可以感受到世界的廣闊,也可以觀察得更仔細,讓攝影不再僅僅是記錄,而是一場關於視覺的冒險。

06 **動物園** 123

Wow! 發現

想像一下,你正在看一本圖畫書……

當你把書拿得很近的時候,你可以看得很清楚,甚至注意到每一個小細節。

當你把書拿得很遠的時候,你可以看到整頁的圖畫,但細節可能就不會那麼詳細研究了。

「焦距」決定了你能看到景物的距離和清晰度。

拉近拉遠看到什麼

我們已經學習到了對焦的方法，現在點開手機上的相機功能，你可以發現螢幕上有著1×、0.5×與2.0×等簡單明瞭的操作介面，試著點選不同的選項，發現畫面有什麼樣的變化呢？

「廣角鏡頭」可以容納更多的景物範圍，拍攝出視野遼闊的大場景畫面。

選擇廣角，你會發現畫面中景物變得更多。

06 動物園　125

接下來再試試看「望遠鏡頭」,是不是立即將遠方的動物拉到眼前了,畫面中景物變得清晰,眼神、皮毛、表情的特寫,讓照片裡的動物更加活靈活現。

選擇望遠,畫面呈現出的景物特寫。

現在,讓我們開始在動物園裡,用相機記錄下精彩的一天。

哇！是長頸鹿！看著這麼高大、優雅的動物，你的心裡一定無比激動。拿起相機，將鏡頭對準了感興趣的主題，你會選擇如何拍攝呢？

你可以拍下整隻長頸鹿的身影，展現出牠的聰穎靈秀。

畫面以長頸鹿全身為主

06 動物園　127

或者，你也可以試試將焦距調整到「廣角鏡頭」，拍下長頸鹿的生活環境，讓大家知道牠和同伴互動的活潑場景。

「廣角」可以容納長頸鹿活動區

別忘了，再試著將焦距調整到「望遠鏡頭」，專注拍攝長頸鹿的眼神和細節，捕捉牠的生動靈性，呈現出毛髮的細膩和質感。

「望遠」表現出長頸鹿特寫

YA!表現

　　換你試試看,利用不同的焦距,捕捉生活環境中繁雜多樣的景物,讓焦距成為你表達和創造的好夥伴,用心感受世界的豐富。

如果到動物園,你最想要拍攝哪一種動物?
(　　　　　　　　　　　　　　　　　　　　　　　　　　)

你最希望捕捉到動物正在做什麼事的畫面?
(　　　　　　　　　　　　　　　　　　　　　　　　　　)

你覺得選擇哪一種效果,才能表現你想要的情感?
(　　　　　　　　　　　　　　　　　　　　　　　　　　)

變化焦距找主題

有時候檢視拍出來的相片,你可能會覺得內容物好多,畫面好雜亂呀!怎麼長頸鹿沒辦法凸顯出來呢?試試看這個簡化構圖的方式——短景深(又稱淺景深)。

短景深,是攝影中常見的技巧,它可以將攝影主題從背景凸顯出來,營造出一種獨特的視覺效果,讓觀眾的焦點完全集中在主角上。

背景雜亂時,利用短景深,能夠凸顯主題。

06 動物園 131

　　「景深」是指相機能夠清楚拍攝的範圍，想像你的眼睛像一個拍攝鏡頭，當你看近處的東西，背景會被你忽略，這時候就是短景深。如果你看遠處，近處和遠處的東西都很清楚，這時候景深就很長。

Wow！發現

比較這兩張相片，說說看，景深不同，畫面感覺有什麼不同呢？

短景深只凸顯對焦的主題

長景深讓全部的細節都清晰

如果你想要用手機拍出短景深的照片，可以試試這兩個步驟：

1. 靠近拍攝對象

把手機儘量靠近主角，而主角要儘量遠離背景，在手機螢幕上點選你想要拍攝的主題，手機就會將主角變得清楚，背景會變模糊，短景深效果才會明顯。

2. 使用人像模式

如果你的手機有「人像模式」或類似的功能，可以開啟這個模式來拍照。這個模式專門用來拍出短景深的照片，會自動將背景模糊化。

Wow! 發現　什麼是「短景深」？

當鏡頭對焦於主題時，背景會被模糊化，形成清晰與模糊的對比。這種效果讓主題從畫面中脫穎而出，營造出獨特的空間感和立體感。

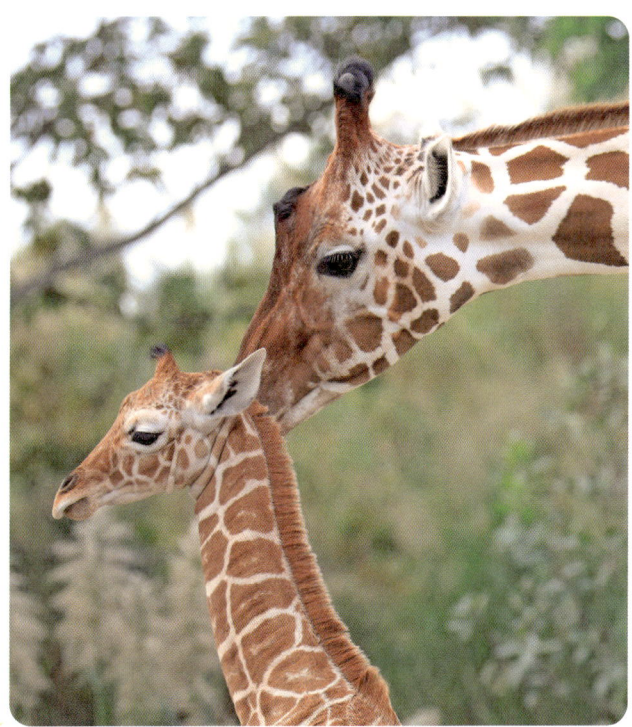

利用短景深，能夠清楚展現主角的樣貌。

　　短景深的拍攝效果，有時候可以讓觀眾對影像產生更多的聯想和想像空間，因為背景被模糊了，觀眾需要透過主題來推測和理解整個畫面的故事。

用鏡頭捕捉美好

每一張照片都是這趟動物園探險之旅的見證，用鏡頭捕捉美好，讓焦距成為探索創造的工具，用心感受生命的奇妙和多樣。

透過這些相片的拍攝，相信你不僅僅是記錄，對生命的尊重更是油然而生，因為能夠用獨特的視角觀察動物們獨特的生命樣態。

你可以將拍攝重點放在展現動物的生命力

YA! 表現

　　仔細觀察動物的行為和習性，找到一個可以展現動物特點的角度和場景，捕捉瞬間的表情和動作，這樣可以讓照片更加生動有趣。

你也可以拍出人與動物的互動

解讀 焦距密碼

　　焦距，就像穿越視覺的時空。當使用廣角鏡頭時，彷彿置身開闊的原野，一覽無遺，當切換到望遠鏡頭時，彷彿遠處的景物近在眼前，每處細節清晰可見。

1. 你知道怎麼正確對焦，拍出主題清楚的照片嗎？

2. 不同的焦距可以呈現出不同的畫面效果，根據拍攝對象和想要表現的氛圍，你知道如何調整焦距嗎？

3. 檢視看看你曾經拍過的照片，你會發現你的拍攝習慣是喜歡廣角的場景氣勢，還是鍾愛特寫的細緻靈動？

4. 說說看，短景深的照片吸引人的原因是什麼？

走讀資訊站

　　動物園充滿驚奇和歡笑，在這個生命力滿滿的地方，不僅能看到各種動物，還能學習到關於它們的知識，每張照片都記錄了這些美好的瞬間和珍貴的回憶。

　　臺灣各區有大大小小的動物園，不管你住在哪裡，相信都有機會接觸不一樣的生命，有空一起去走走吧！

06 動物園 137

地圖標示：
- 木柵動物園（臺北）
- 埔心牧場（桃園）
- 綠世界生態農場（新竹）
- 六福村野生動物園（新竹）
- 新竹市立動物園（新竹）
- 九九峰動物樂園（南投）
- 兆豐農場（花蓮）
- 頑皮世界（臺南）
- 壽山動物園（高雄）

07

野外登山

動一動,「視」界大不同

張美智

- 沉浸在山野的四季 P. 142
- 動一動，位置、角度差很多 P. 144
- 走一走，距離遠近大不同 P. 154
- 成為「角度」攝影大師 P. 156
- 解讀拍攝角度的密碼 P. 160

找出最對的角度
運用位置、角度、距離

走向山野，在春季帶著嗅覺欣賞樹花的燦爛；夏日瞇著眼看見葉隙間，帶著綠意的陽光；秋天張開大口吸納滿山清涼卻帶著暖意的色彩；寒冬瑟縮著身體學習大樹挺直的姿態。

走向山野，我們站在高處往下看，站在低處向上望；像飛鳥一樣「瞰」，像昆蟲一樣「瞻」，用鏡頭的「拍攝角度」將整座山的獨特，一張一張搬回家。

沉浸在山野的四季

有人說:「住在臺灣,假日不是爬向高山就是奔向海洋!」因為臺灣是全世界排名在前的高海拔島嶼,超過3,000公尺以上的高山有268座,這個數量在全世界少有。

高山在光影、雲霧的作用下,輪廓線層次分明。

07 **野外登山** 143

　　你一定曾經到郊山健行、高山度假過。到戶外走走時，你會注意天空的雲、樹梢的風、陽光作用於物件的光影嗎？會細細觀察一片葉子、一朵花、一隻小昆蟲？地上的土石、砂礫？或是登高臨下發現山岳的輪廓線與四季的色彩呢？

秋天時，滿山秋色，天氣逐漸寒冷，色彩卻是溫暖、飽滿。

臺灣玉山主峰，冰雪覆蓋，早春時，山谷裡盛開著鮮紅的櫻花。

動一動，位置、角度差很多

隨著行進的路線，邊走邊欣賞風景，會發現沿著山勢上坡、下坡，因為我們所在的位置不同，看見的景色就有角度的差異。

仰視

平視

俯視

俯視

下坡

07 野外登山 145

上坡

平路

走在海岸邊的山路,下坡時,面向整片蔚藍的大海,令人心曠神怡。

想像你是小紅帽，身高大約120公分，獨自走進森林裡：「哇！好巨大的樹。」、「感覺自己很弱小，樹林中似乎隱藏著大自然神奇的力量。」

試著蹲低身體拍照，感覺樹根很粗壯，自己很渺小。

07 野外登山　147

　　如果你長得高大一些,像籃球選手,身高大約180公分以上。看見的森林,感受是不是會和小紅帽不一樣?

挺直身體拍照,甚至故意高舉著攝影裝備拍照,感覺樹就變得沒那麼巨大了。

Wow! 發現

身高會影響觀看的視野,更何況人站在高處或低處!鏡頭所處位置的高低,原來會影響觀看的感受啊!

人所在的高低位置可以表現視角的差異，前面提到「仰視」、「俯視」，則是將鏡頭往上傾斜或往下傾斜，因為改變角度能拍攝出不同的畫面。

▶ 仰視

仰角拍攝的畫面會有纖細的樹枝、粗壯的樹幹，因為樹林形成環狀包圍的畫面。

將鏡頭往上傾斜，成為仰角。

07 **野外登山**　149

在天氣晴朗時，背景是亮眼的藍天。

▶ 俯視

當我們站在高處時，為了拍攝廣闊的場景，會自然的將鏡頭往下傾斜。

有意識的覺察角度傾斜的程度在畫面中的差異，也可以拍照後比對。討論看看，因為角度不同所產生天空與地面的比例，如何比較好？為什麼你喜歡這樣的角度與比例？

07 野外登山　151

　　還有一種狀況是，當我們想拍攝低於身高的主題時，也會向下傾斜鏡頭。

▶ 平視

　　一般拍照時，大多是身體直立時的平視角度，但是為了調整畫面的場景，有時會刻意高舉或蹲低來調整視野的高度。

平視橫向拍攝

平視直向拍攝

07 野外登山　153

身高不同的人站在同一個位置拍出的畫面也會不同，所以試著稍微動動身體、調整手與膝蓋的動作拍照吧！

站在同一位置，上下移動視角也會拍攝出全然不同的影像。

Wow! 發現

到山野攝影，健行、觀察、動動身體、調整位置，還要思考、判斷構圖的表現。拍完照和朋友互相分享，發現同行的路上有不同的視角，是非常有趣的活動，能增添步行的樂趣。

走一走，距離遠近大不同

除了「位置」、「角度」，還有一個拍照的關鍵，就是「距離」。看看下方的三張照片，你喜歡哪一張？你會選擇如何拍攝呢？

在較遠的距離拍攝主題，能夠呈現完整的場景與情境資訊。

靠近一些，則能夠清楚展現主題整體的樣貌。

07 野外登山　155

貼近主題拍攝，能觀察更多的材質細節與表面質感。

　　因為數位攝影能即時拍攝、即時觀賞，同時比較、判斷並進行刪除。所以通常我們看見感興趣的主題時，會忍不住遠、中、近距離都拍攝，甚至轉換角度與位置拍攝，有時一個主題可能就拍十幾張影像留存紀錄。

　　因為離開場景，甚至光線改變，就不是原來有感覺的畫面，所以總會忍不住一直按下拍攝鍵。

成為「角度」攝影大師

YA!表現

以樹為主題，你能判斷下方照片中拍攝者的位置、拍攝角度及拍攝距離嗎？

選定你喜歡拍攝的「樹」主角，然後決定拍攝的方式與構圖，也試著說明拍攝的想法吧！

位置：☐高位　☐視線水平位置　☐低位
角度：☐仰視　☐平視　☐俯視
距離：☐遠　☐中　☐近

位置：☐高位　☐視線水平位置　☐低位
角度：☐仰視　☐平視　☐俯視
距離：☐遠　☐中　☐近

07 野外登山　157

位置：□高位　□視線水平位置　□低位
角度：□仰視　□平視　□俯視
距離：□遠　□中　□近

位置：□高位　□視線水平位置　□低位
角度：□仰視　□平視　□俯視
距離：□遠　□中　□近

位置：□高位　□視線水平位置　□低位
角度：□仰視　□平視　□俯視
距離：□遠　□中　□近

位置：□高位　□視線水平位置　□低位
角度：□仰視　□平視　□俯視
距離：□遠　□中　□近

像飛鳥向下「瞰」的視野，是用空拍機拍攝的影像。

「鏡頭」的位置、角度可以改變,如果將「拍攝主角」的位置、角度改變也是相同的道理喔!看看這些葉子,舉高高、放低低,不同的位置與角度有何差異?

運用高低位置與角度,讓光線與葉片一起合作表現。
是被「光線穿透」看見輪廓線與蟲蛀的孔隙,或是被「光線照射」讓葉子的色彩與葉脈更清晰。

YA!表現

　　找一片你喜歡的葉子，練習拍攝，也可以運用剪刀、美工刀或直接徒手撕成喜歡的造形，拍攝起來更有創意喔！

走進山野，你想觀察什麼？地衣、苔癬、植物、動物？進行主題式的拍攝再互相分享，能發現更多豐富的生態樣貌。

解讀 拍攝角度的密碼

　　拍照雖然是一個按鍵的動作，但是若能夠動一動、走一走，移動鏡頭透過觀景窗或螢幕觀看。按鍵的動作，每一次都是學習與進步的機會。

1. 你能分辨照片或影像中，拍攝者與拍攝主題之間的位置、角度與距離嗎？

2. 走向山野，你喜歡拍攝什麼主題，會選擇如何的位置、角度與距離拍攝呢？

3. 拍攝後，選出你最喜愛的一張照片，用位置、角度與距離說明你喜愛的原因，及如何因為你的選擇而有特別的表現？如果調整其中一個因素會有不同嗎？

走讀資訊站

「國家公園」是指具有國家代表性的自然區域或人文史蹟。第一個設立的國家公園是美國的黃石國家公園，現在全世界已經有超過3,800座的國家公園。

臺灣的國家公園有玉山、陽明山、太魯閣、雪霸、墾丁、台江、壽山、金門、東沙環礁以及澎湖南方四島等。除了鄰近的郊山，也鼓勵你去國家公園欣賞與拍攝美麗的山野風光。

08

遊樂場

玩出創意的視角

林宏維

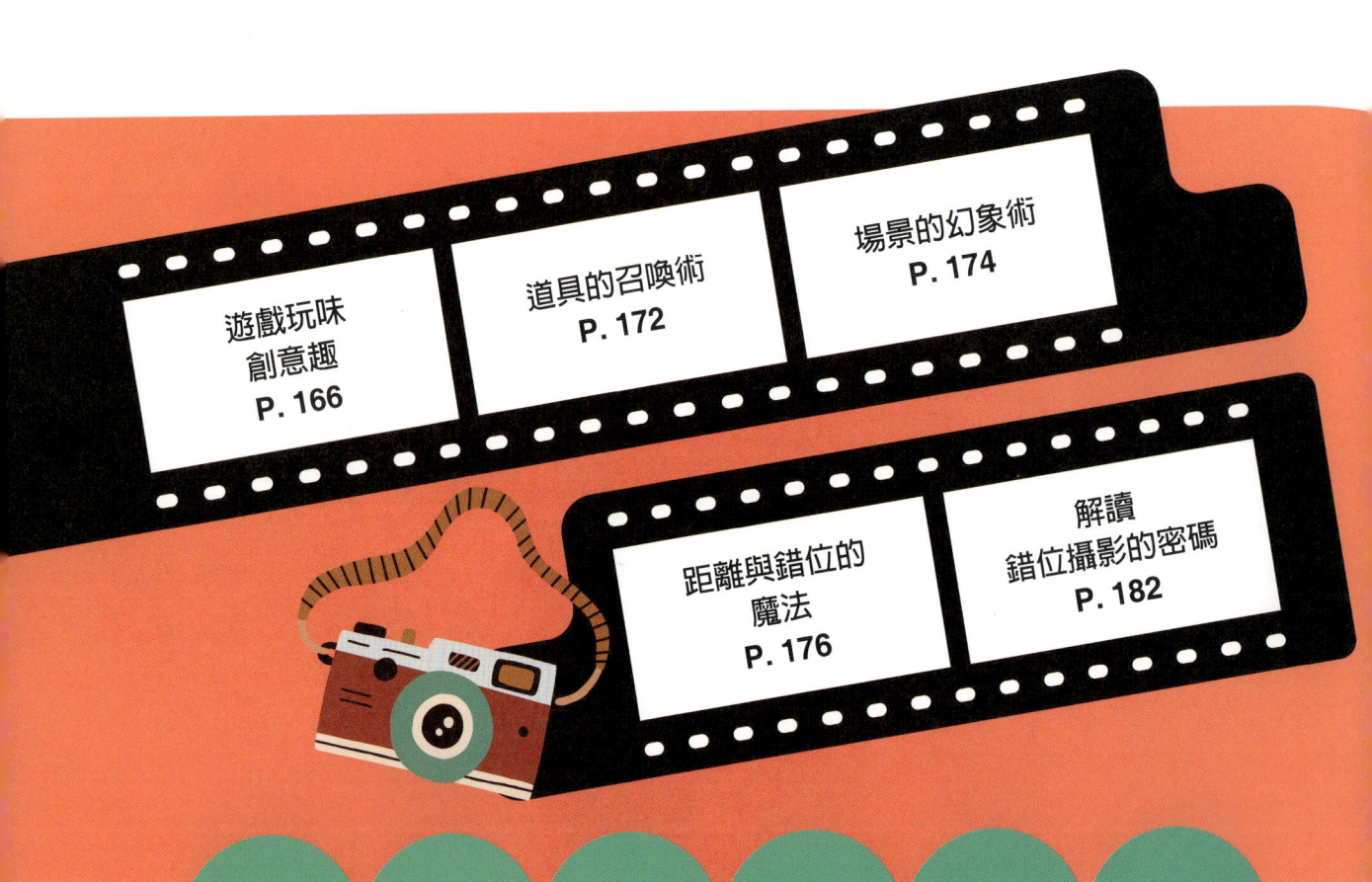

- 遊戲玩味創意趣 P.166
- 道具的召喚術 P.172
- 場景的幻象術 P.174
- 距離與錯位的魔法 P.176
- 解讀錯位攝影的密碼 P.182

攝影魔術師
視覺巧合、距離錯位、空間錯位

你還記得上次玩遊戲是何時嗎？
你最近一次去遊樂場是哪裡？
你能說出玩遊戲時，會使你欲罷不能的原因嗎？

有人說：「遊戲是想像力的發揮，而藝術是遊戲昇華的表現。」透過適當的環境、時間、工具與技巧的掌握，善用鏡頭的「錯位」手法，讓我們一起來創造逗趣好玩、專屬你的創意玩樂攝影吧！

遊戲玩味創意趣

　　在爸媽帶著出門旅遊時，絕不可少的就是拍照留念。隨著時代和工具的普及，越來越多的人開始在拍照中追求人與背景的融合，展現畫面的趣味性與互動的視覺巧合及幽默感。於是，「錯位攝影」就成為創意展現的一種拍攝手法。

生活中非預期的視覺巧合，往往能帶出會心一笑的創意樂趣。

巧妙地運用書籍封面照，創造了走出書本的人物圖像。

08 遊樂場　167

　　透過巧妙地選擇拍攝環境與角度，捕捉到平時完全不可能呈現的畫面與創意展現，讓出遊的歷程留下精彩、逗趣、難忘的深刻回憶。

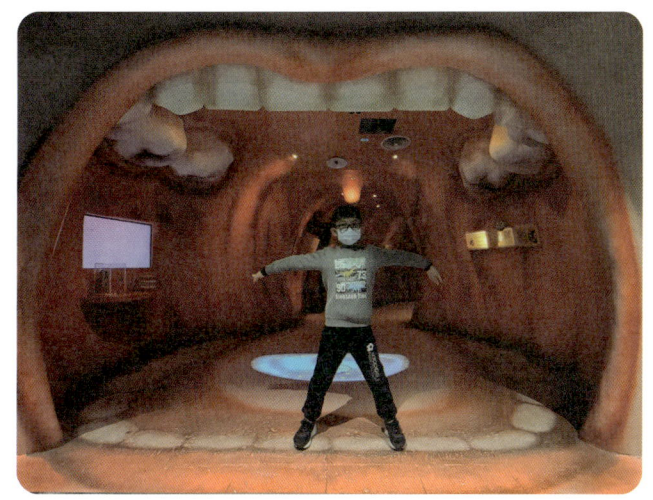

張大嘴巴的誇張入口設計，成為最佳創意展現的背景環境。

善用道具輔助，能讓人物與環境物件融合在一起。

利用前後距離空間安排，成為近大遠小的誇張趣味作品。

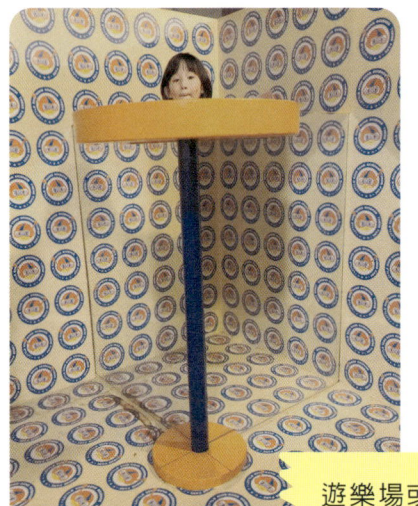

嘟嘴親吻的錯位動作，絕對是最普及與最輕易上手的技巧之一。

遊樂場或參觀館所之特殊展品，能產生不可思議的畫面！

近年來，國內越來越多遊樂景點為了吸引拍照打卡的遊客，紛紛進行2D，甚至是3D彩繪作品，提供大家拍攝留念。我們可以善用這些作品，再加上相對應的肢體動作來呈現驚豔、有趣的擬真視覺幻境。

3D彩繪都有一個最佳拍攝視角，找對視角，就能營造擬真感。

日本名古屋吉卜力公園室內彩繪區，透過模擬動畫中的場景，讓遊客也能置身其中留念。

170 小學生攝影走讀

以釣旗魚為景,搭配海釣動作表演,表現緊張拉扯的張力。

08 遊樂場　171

Wow! 發現

原來觀察場景的圖像動線，可以創造更到位、更有趣的拍攝作品喔！

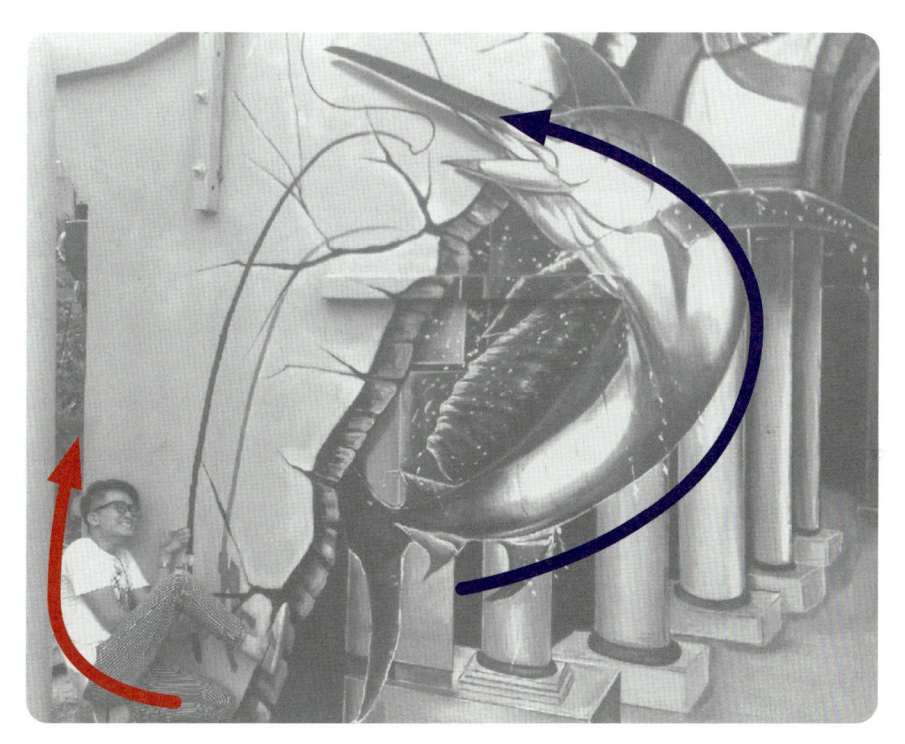

對立的被拍者動線（紅）與場景動線（藍），兩者間相互拉扯抗衡。

道具的召喚術

在遊樂場及各大景點處通常都有許多提供拍攝的大型道具，我們透過適當位置與角度的捕捉，便能表現出令人驚奇深刻的畫面。善用好道具，搭配大膽的肢體動作，迸發出驚奇逗趣的創意吧！

低視角的拍攝，強化巨足的震撼。

老街上的特殊道具主題，加上適當的表情動作，可以留下印象深刻的回憶影像。

前景的花枝道具，讓後景人物彷彿擁有魔杖一般的存在。

根據道具特徵，發揮想像力的舞裙創意表現。

08 遊樂場　173

善用現場的道具聯想和巧妙搭配，創造逗趣畫面，增進親子情感交流與回憶。

Wow！發現

你還有其他運用道具拍照的創意想法嗎？也試著拍出來分享吧！

善用道具的特徵，使前、後景無縫接合，視覺上紫色箭頭標示的距離感消失，產生前景人物手持巨大手套接住後景人物的逗趣畫面。

場景的幻象術

　　另外，在部分遊樂場及各大景點，也有具備較大、較完整的特殊場景空間，利用場景環境拍攝後，翻轉拍完的作品方向，就能感受場景製造出來的幻象世界。所以在拍攝前，可預設翻轉後的可能效果，來設計相對應的姿勢動態表現喔！

在拍攝環境當下，僅需要被拍者趴地、躺坐即可。

翻轉照後，就像蜘蛛人一樣，帥氣爬牆登場。

08 遊樂場

拍攝環境中（左圖），人物假借拉網動作與單腳站立，預設翻轉照片後的表現。

翻轉作品後（右圖），海天變色、海廢滿溢、人物飄移。

遊樂場的顛倒屋，提供視覺衝擊的環境元素給遊客運用。

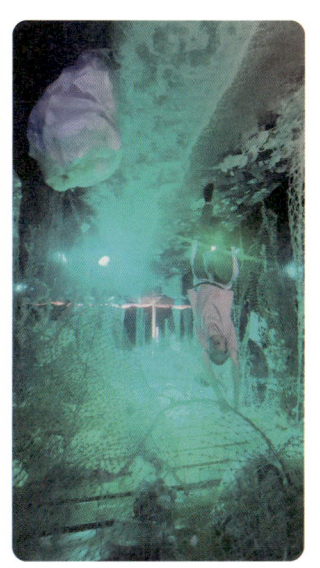

Wow！發現

還原拍攝環境當下，僅需要被拍者跳起動線（紅色）即可。翻轉照片後，人物似乎有輕功一般地飛起。

距離與錯位的魔法

接著，巧妙運用被拍者與背景物件之間的「距離」，運用前景物件與後景物件相當程度的距離併置，就能達到場景物件巧妙結合、令人意想不到的效果呢！

經典的錯位照片，表現出巨人與小矮人共存的視覺感。

Wow！發現

拍攝當下，被拍者與背景物件之間的實際「距離」，其實是一前一後的。

08 遊樂場 177

運用「透視屋」的距離落差,形成左邊變大、右邊變小的視覺畫面。

看似與攝影者等距的兩扇門暗藏玄機,實際上被拍者與攝影者間的「距離」其實是不一致的。因為視覺近大遠小的認知,所以產生巨人與矮人的錯覺。

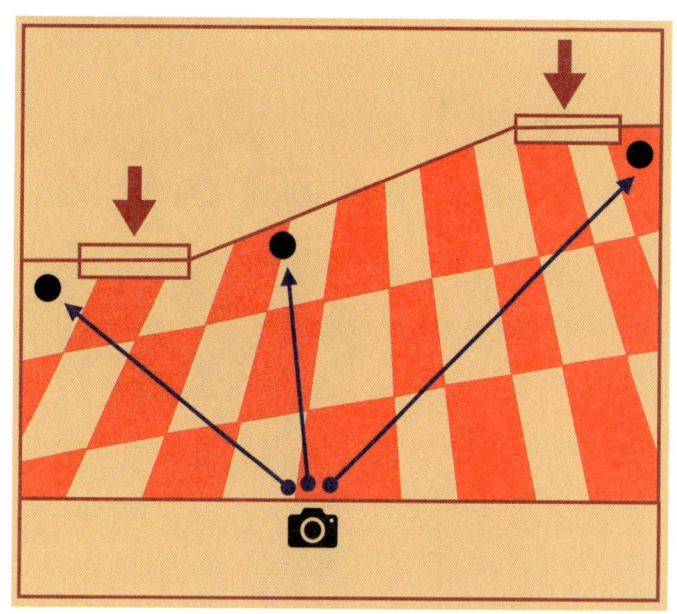

你有幫爸爸、媽媽或是弟弟、妹妹在景點中拍過照的經驗嗎？根據你想呈現的畫面需要，可以適度調整你的「高度」，高高站立或是蹲下，你會看見不一樣的視覺世界喔！

很常運用的錯位攝影策略，拍攝時須注意銜接處的接合是否確實。

經典的比薩斜塔，往往最能吸引拍攝者的錯位拍攝慾望。

攝影者高站俯拍，表現被拍者用手托住地球的姿勢。

攝影者蹲低仰拍，表現被拍者環抱地球的姿態。

Wow! 發現

特別注意在前、後景物件間的錯位安排，須避免不對位或留下間隙的穿幫情形。因此，攝影者和被拍者之間的距離位置拿捏，非常重要！

適切的距離錯位，表現出快被巨人吃下的趣味感。

不適切的距離錯位，無法順利表現出巨人吞入口的瞬間。

外國設計師Mamoizelle設計出9種錯位攝影策略，你覺得還有沒有其他方法可以表現呢？請畫下或寫下你的獨門招數於空格中。

捏住	撐起	牽住	
親吻	抽菸	喝水	
擁抱	懸吊	指戳	

YA!表現

　　學了這麼多技巧，來進行錯位練習吧！以下有2個拍攝情境讓你來挑戰！請看下圖，分別回答以下問題：

1. 如果你是攝影者，你會如何決定拍攝視角？平視、仰視或俯視？
2. 如果你是被拍者，你會如何與場景、道具互動？呈現具有張力的畫面！

Ⓐ 情境：朱銘美術館雕像群

Ⓑ 情境：遠雄海洋公園鯨魚尾

解讀 錯位攝影的密碼

　　出遊玩樂的愉悅當下，往往希望也能留下精彩又深刻的回憶，如何透過攝影營造具有創意的畫面？

　　關鍵在如何善用「拍攝者」、「被拍者」、「環境物件」三元素於「空間、距離」與「肢體展現」中來表達！

1. 你曾經使用過錯位攝影方法嗎？

2. 同一個環境物件，你能設計多少不同的擺拍姿勢呢？

3. 家裡有哪些環境、道具適合來進行創意攝影呢？
　　試著尋找適合的道具並巧妙結合環境空間，一起發揮攝影魔法術吧！

08 遊樂場　183

走讀資訊站

　　底下標示為本篇案例照片之拍攝地點。請在下次出遊活動中嘗試練習拍攝錯位攝影，並一起記錄於地圖中喔！

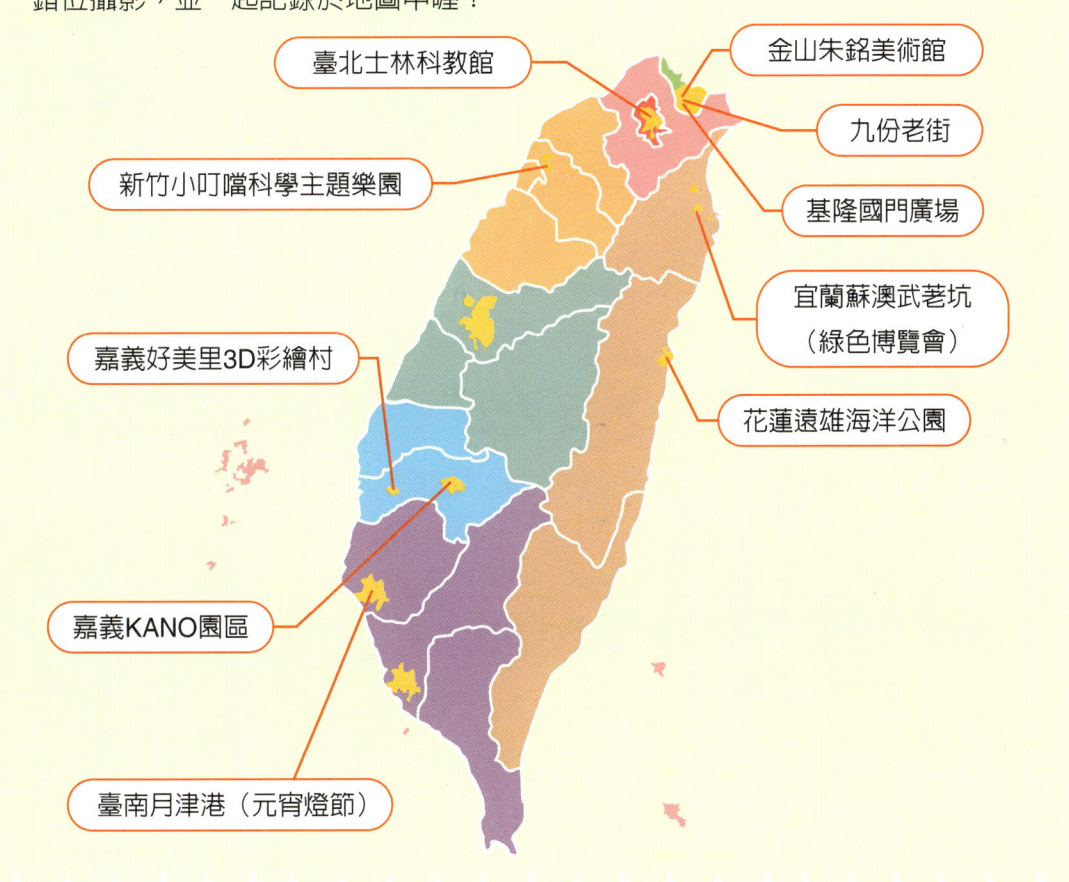

- 臺北士林科教館
- 金山朱銘美術館
- 九份老街
- 新竹小叮噹科學主題樂園
- 基隆國門廣場
- 宜蘭蘇澳武荖坑（綠色博覽會）
- 嘉義好美里3D彩繪村
- 花蓮遠雄海洋公園
- 嘉義KANO園區
- 臺南月津港（元宵燈節）

09

城市巷弄

閱讀光影

王馨蓮

- 捕捉生活中的「光」 P. 188
- 跟著「太陽」走 P. 192
- 用光影來作畫 P. 196
- 感動這一刻 P. 200
- 解讀光線密碼 P. 202

光線的遊戲
認識光源方向、後製黑白照片

當清晨的第一縷光線穿過樹葉縫隙，投下斑斕光影，「光」開始讓世界充滿色彩。無論是強烈光線下、線條明確的高聳建築，還是金黃夕陽中、溫暖寧靜的幽靜小巷，「光」為我們繪製出一幅幅美麗的圖畫。

光線是攝影的無聲語言，能夠傳達出豐富深刻的情感和意境，你可以透過對光線的運用，創造出影像背後的故事和情感。

捕捉生活中的「光」

　　一切都從光開始，因為有光，這片風景變得更立體了。在我們身處的環境中，無論是漫步在生活居所或是享受旅行的見聞，因為光影的交會，讓眼中景色增添了獨特的記憶與故事。

「光」讓一切開始有畫面

09 城市巷弄　189

當陽光灑落，如同出現一支魔法畫筆，增添色彩的豐富，勾勒造形的細節，堆疊空間的層次，「光」讓這個世界更美麗。

因為有光，產生了光影、層次、空間。

「光」被稱為攝影的魔術師，猜猜看是為什麼？

這是一個由光所組成的世界，傳統攝影靠著光線在底片上成像，光線的多寡、停留的時間，都直接影響了底片上的影像，而在人手一機的現代，手機攝影雖然已經不需要底片，但光線仍然成為營造氣氛的關鍵。

Wow！發現

傳統攝影需要裝上底片後再進行拍攝，底片上塗有一層感光材料，當光線進入相機鏡頭照射到底片時，感光材料因此曝光會有化學反應，產生影像。

底片接收到光線後，影像會出現。

09 城市巷弄

看看這兩張照片,你發現了什麼?

圖1因為天色陰沉,雖然看出建築景物,但是感受不到空間距離。而圖2陽光明媚,在光線照射下,形成有趣的光影,畫面變得光鮮,增加了立體感,讓人一眼就注意到照片中的主題。

圖1
缺乏光影的廊道,顯得日常而普通。

圖2
窗花格柵透過強烈光線的照射,在地面上形成美麗的圖案。

跟著「太陽」走

　　光線在一天中不斷變化，不同的拍攝時間提供了不同的光影效果。我們先來認識一下，一天當中因為太陽的位置移動，在不同的光線來源下，景物看起來會有什麼不一樣呢？

順光
是指拍攝主體面向陽光，正面被照亮。
光源從相機背後照射過來。

逆光
剛好相反，拍攝主體背對著陽光，正面是黑的。
光源在相機對面。

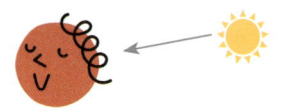

側光
是指太陽從拍攝主體和相機的側面照射而來。拍攝主體在光源那一側是亮的。

頂光
太陽在拍攝主體和相機的上方，影子會出現在物體正下方。

「順光」的優點是光線充足、色彩鮮豔明亮、影像清晰，能夠凸顯物體的輪廓和細節，我們可以利用順光拍攝自然開闊的場景、建築等，充分展現出畫面的張力。

逆光表現明暗的對比

順光的畫面色彩豔麗

如果主角在「逆光」的位置，因為正面照不到光線，背景卻太刺眼，光影對比過強，常常容易發生主題過暗、看不出細節。這時可以試試左側照片的剪影效果，突出建築輪廓，讓畫面具有線條感。

攝影中有個名稱叫「黃金一小時」，是指日出後和日落前的一小時，也就是清晨和黃昏。這時的太陽角度低，很適合側光拍攝，光線柔和而溫暖。

「側光」拍攝時，因為產生明顯的光影，凸顯了紋理，強調出立體感，可以讓照片更為生動、更具層次。拍攝建築風景時，不妨運用側光明暗對比清晰、光影交融自然的特點，創造出獨特的光影效果，增加吸引力。

側光使拍攝主題更加立體鮮明

09 城市巷弄   195

中午陽光強烈又位於正上方，其實不是一個很適合拍照的時間點，因為頂光容易直接在物體下方顯現出陰影，常常會造成亮面光線太強，而陰影處太暗失去細節，一不小心整張照片就會顯得凌亂，看不出主題。不過，如果在建築的玻璃帷幕下，可以試試看運用頂光，拍攝出單純的光影，讓畫面更顯趣味。

頂光會在物體下方形成陰影

用光影來作畫

我們可以如何利用手機捕捉有趣的光影呢？生活中只要有光就會有影，放慢腳步，留心觀察，「便利性」是手機攝影的最大優勢，你可以隨時隨地的記錄身邊看到的景物。

一 觀察光線來源：尋找陽光的方向，找到有趣的光影效果。例如：順光下的影子，利用強烈的光線所形成的造形，可以讓建築與影子形成戲劇性的反差，增添畫面故事性，拍出有趣的作品。

影子可以創造出戲劇性的效果

09 城市巷弄

二 利用明暗的對比：側光的光線角度，能夠讓受光與陰影有明確的立體感，突出主題，照片更加生動有趣。有時候同樣的地點和景觀，也可以試試不同的拍攝角度和位置，也許你會發現更多不一樣的光影效果。

明確的光影讓畫面更立體，試試不同的取景。

三 可以嘗試將手機調整為黑白拍攝照片：有時候當畫面褪去色彩，黑白照片更能夠突出光影效果，保留住明暗、形狀、情感等，也會因為畫面變得單純，而將感受放大得更為明顯。

褪去色彩，讓光影更鮮明。

09 城市巷弄 199

想要使用手機拍攝黑白影像，可以利用以下兩種方式：

1. **直接使用手機功能中的黑白模式**

 大多數的手機在相機功能裡，都有提供黑白模式的拍攝選項。

2. **拍攝完彩色相片後再套用濾鏡**

 如果已經拍完的照片想要轉換成黑白效果，可以進入編輯模式，點選「濾鏡」，再點選「黑白」套用，這時候照片就會將彩色轉換為黑白影像。

同樣的場景，彩色與黑白的呈現氛圍各有不同。

感動這一刻

　　手機攝影提供了一個豐富的視覺體驗和創造性的表達，我們可以觀察到光線的美感，體驗光影與環境間的關係，也許你已經學會注意細節、捕捉瞬間，開始發現身邊事物的美感和變化。

> 嘗試著從不同的角度、留意不同的光線方向，透過攝影，可以發現更多獨特的景象。

拍攝照片是一種表達想法和情感的方式，透過構圖、顏色、光線，你可以學習將故事轉化為圖像，把自己的觀點和想法以更具表現力的方式呈現，展現自己的視角和感受，現在就開始隨手記錄當下的感動，試著捕捉生活中的重要時刻。

YA!表現

　　抓住你的光影時刻：來試試看吧！帶著相機到處走走，透過鏡頭觀察不同的景色。
1. 注意光線的來源，哪一種明暗對比效果是你喜歡的？
2. 多拍些不同的角度，看看光影呈現出來的畫面，會有什麼有趣的故事。
3. 同一個場景，試試彩色和黑白的效果，有什麼不同感受？

解讀 光線密碼

1. 翻一翻你曾經拍攝的照片，你能判斷拍照當時的光線來源嗎？

2. 你有試過黑白攝影的模式嗎？你喜歡這種照片嗎？

3. 說說看，想拍出具有光影變化的相片要注意哪些事情？

4. 試試看，在同一個地點，一天中不同的時間去拍照，比較一下拍出來的照片，有什麼不一樣的感覺？

走讀資訊站

你曾經去過哪些地方，光影下的景物感動了你，讓你按下快門？找出這張讓你印象深刻的照片，並在右圖中標示出景色的相關位置。

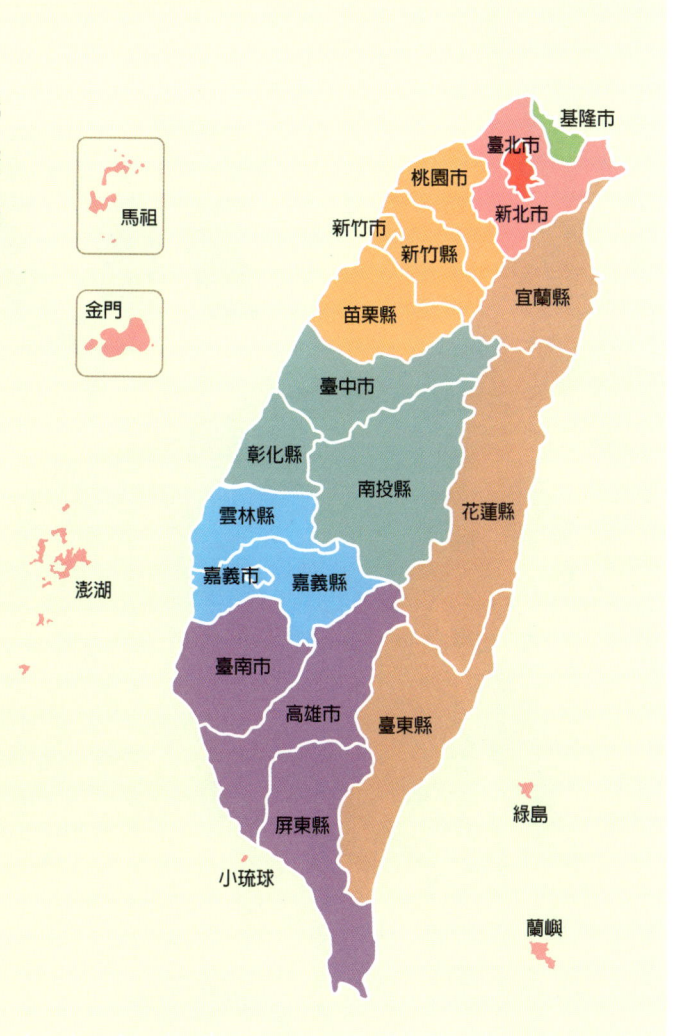

馬祖

金門

基隆市
臺北市
桃園市
新北市
新竹市
新竹縣
宜蘭縣
苗栗縣
臺中市
彰化縣
南投縣
花蓮縣
雲林縣
嘉義市 嘉義縣
澎湖
臺南市
高雄市 臺東縣
屏東縣
小琉球
綠島
蘭嶼

10

REC　00:00:10

海邊

跟陽光約會

熊培伶

1/3 x

- 逆了就來剪個影 P. 208
- 跟陽光約會 P. 211
- 逆光魔法棒 P. 215
- 逆光的影子遊戲 P. 217
- 解讀拍攝逆光與剪影的密碼 P. 224

逆光剪影術
色溫、補光、後製亮度與色調

親愛的小朋友，你喜歡到海邊玩嗎？

有沒有注意到，當太陽快要下山的時候，夕陽餘暉灑在海面上，整片海洋就像是披上了一件金黃色的薄紗，而站在岸邊的人們、船隻和建築物，因為陽光在身後閃閃發亮，形成亮與暗強烈對比的畫面，讓我們一起走進這個逆光剪影的奇幻世界，用眼睛和心靈去觀察與感受這奇妙的逆光剪影吧！

逆了就來剪個影

「逆光」是個超酷的「剪影」好方法，所謂逆光，就是主角站在陽光與鏡頭之間，背對鏡頭是亮面，面對鏡頭就變成暗面。剪影中的主角，雖然沒有明亮的色彩或清晰的面貌，但卻多了份神祕與想像的空間，每一個剪影都在訴說著獨特的故事，等待探索和發現。

逆光產生剪影的效果，這時候的人物呈現單純的暗色塊面，像是把人剪下成為僅有輪廓造型的一張色紙。

10 海邊 209

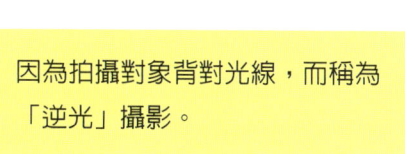

因為拍攝對象背對光線,而稱為「逆光」攝影。

陽光

主角

相機

Wow！發現

光的方向實在重要，因為山海與建築會因為順光或逆光而產生完全不一樣的景象。

順光時，可以清楚看到山海的色彩。

逆光時，山成為暗色的剪影，海洋則倒映著夕陽的餘暉。

從海面遠眺城市，透過逆光攝影，城市建築成為連綿的天際線。

跟陽光約會

「光」是攝影的重要元素,小朋友們有觀察到「光」並不是透明的,而是有不同的顏色嗎?

光線會影響到我們看世界的感覺,攝影也會因為光而有不同呈現,這種因為「光」而產生的色彩變化與溫度感受,我們稱之為「色溫」。

所以,下一次當你想要拍攝逆光剪影時,記得不同的時間有不同的色溫。讓我們去海邊跟陽光約會,探索色溫的奧祕,用相機捕捉獨特的光影瞬間吧!

清晨日出的光線偏橘黃色

中午日正當中的光線最是強烈而且明亮

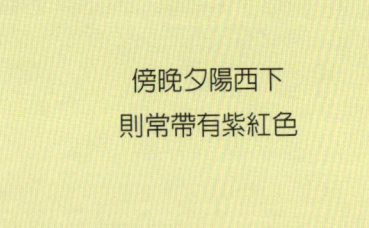

傍晚夕陽西下則常帶有紫紅色

夜晚星空常是藍黑色

10 海邊

色彩本身有冷色、暖色的區別，暖色系、冷色系跟體溫有很大的關係，例如：冬天的火爐、夏天的太陽就是偏向暖色系，極地的冰山、美麗的極光給人寒冷感受，是偏向冷色系。

WARM COLOR PALLETE

COOL COLOR PALLETE

上排的紅、橙、黃系列色彩是一般常說的「暖色系」，而下方藍、綠、紫系列，則是一般說的「冷色系」。

左邊的夕陽天色屬於暖色系，右邊的海水呈現冷色系。

Wow! 發現

大自然裡，充滿各種暖色系與冷色系的環境。

暖色系 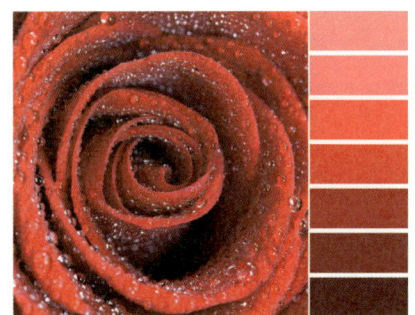
- 豔麗的玫瑰 
- 秋天的楓葉

冷色系 
- 寒冷的冰山 
- 藍莓的果實

逆光魔法棒

拍照的時候，如果光線不足，無法達到想要的逆光效果，也可以試著使用手機裡的功能，加以調整相片的表現。

讓我們一起學習這個神奇的技巧，給自己的照片來一個大變身吧！首先，可以先試著調亮或調暗，接著使用「亮度、冷暖色調」這兩個逆光魔法棒，進行相關數值調整後，就能看到影像大變身，產生逆光的效果，也帶來不同感受。

原照　　　　　降低亮度　　　　　調為冷色調　　　　　調為暖色調

YA！表現

有時候遇到逆光，但是想把人物表情拍得清楚，這時候就需要「補光」！除了閃光燈外，還有別的方法嗎？

自製柔和的反光板，方式就是用廚房的錫箔紙將一片紙板包起，接著將反光板對著光，並將光引到主角臉上，那麼主角就能揮別暗面，重現光彩！

使用鋁箔汽車遮陽板當作反光板，也可以用廚房鋁箔紙自製反光板。

利用反光板將陽光反射到主角臉上，進行補光拍照。

逆光的影子遊戲

去海邊跟陽光約會,還能挑戰有趣的影子遊戲。讓我們進入逆光攝影的趣味世界,讓影子千變萬化吧!

一群朋友在海邊嬉戲跳躍的剪影,儘管看不出表情,但透過姿態都能傳達出歡樂的氣氛。

218 ● 小學生攝影走讀

在剪影照片中，主體通常呈現為漆黑一片，而背景則非常明亮。這種強烈的明暗對比，能夠突出主體的形狀和線條，營造出一種戲劇化的視覺效果。

當夕陽西下時，運用剪影的效果，火紅的太陽就可以成為手上的魔法球。

來看上面這組照片，他們在夕陽前這樣擺姿勢，好像在跟太陽玩遊戲呢！
有人抱著太陽、捧著太陽、指著太陽，讓我們也去海邊拍逆光照片玩玩看吧！

小朋友，面對海邊美麗的夕陽，你想拍攝什麼有趣的故事呢？

10 海邊

剪影不只讓主角成為剪紙般的特色，也可善用現有的建築或自然造形，讓前景成為「一個畫框」。

透著拱柱去拍攝河岸風景，產生特殊的切割畫面。

透過窗框去拍攝遠方的山，山好像是畫框中的主角。

加了窗框和拱門的剪影，是不是讓遠方的風景變得更像一幅漂亮的畫作呢？我們也來尋找這樣的景框吧！

剪影照片不僅能展現主體的輪廓，還能傳達出一種情感和氛圍。例如：一個人站在夕陽下的剪影，可能讓人感受到孤獨或思念的情緒。所以在拍攝剪影時，試著想一想如何透過剪影表達自己的想法和感受，用影子來訴說動人的故事吧！

讓我們拿出一張鏤空的心形，舉起這張紙面對海邊落日，會看到因為逆光關係，整張紙猶如畫框，愛心裡是美麗的夕陽。

夕陽下的人物剪影，帶來情緒的想像。

10 海邊 221

夕陽光芒下的沙灘上,人與狗兒親近的對視,浪花輕拍他們的腳踝,訴說彼此深厚的感情。

想一想,關於海邊的剪影還能表達什麼故事呢?

Wow! 發現

逆光不只發生在戶外。在舞台強光下，樂手熱情揮灑，逆光的黑色身影與炫目藍光形成強烈對比。

10 海邊　223

　　太陽不只能和我們玩遊戲,它還能把城市變成一幅剪紙畫,把飛鳥變成天空飛翔的影子。

多觀察光影,就能看到生活中還有好多地方都有逆光的魔法喔!

解讀 拍攝逆光與剪影的密碼

　　解讀逆光與剪影的密碼後，來一起踏上奇妙的攝影之旅。從選擇拍攝時間、玩轉影子變形，到探索後製逆光的技巧，每一步都充滿了驚喜和創意。現在，回顧這段旅程，並想一想下面的問題：

1. 進行逆光攝影，我們可以選擇什麼時間？為什麼呢？

2. 想一想日常生活中，還有什麼情境或物件可以有逆光的影子變形術？

3. 你覺得原來的照片與後製的照片，兩者有不同的感受嗎？

　　現在，讓我們拿起相機，一起走去海邊或海港，用前面學到的逆光攝影小祕訣，去捕捉那些獨特、動人的光影瞬間吧！

走讀資訊站

逆光剪影探索之旅

1. 拍攝地點：
2. 攝影對象：
3. 拍攝的想法與感受：
4. 我想把作品分享給誰？

⑩ 海邊　225

11

運動場

動感瞬間，我抓得住你

高月蓮

各就各位！預備，
動感連拍
P. 230

追焦神技
P. 234

慢動作小電影
P. 236

解讀
快門魔法密碼
P. 238

移動與拍照的速度對決
認識連拍、追焦

陽光灑在運動場上，一場激烈的比賽正在進行，球員們追逐著飛馳的籃球，在籃框前跳躍。跑道上，選手站在起跑線前，眼神專注而堅定，隨著發令槍響，如離弦之箭般奔馳在寬廣的跑道上，留下一道道風景。

透過鏡頭，捕捉運動場上每一刻的動感，將選手奔跑、打球、獲勝的瞬間，定格在畫面中。

各就各位！預備，動感連拍

嘿，小攝影達人們！透過前面的內容，相信你已經掌握拍照的技巧，可以為生活中精彩的片段留下美好的紀錄。但是，除了靜態的攝影，你是否也想抓住具有速度感的畫面？現在就讓我們一起來學習怎麼拍出超級酷的運動場畫面，讓照片充滿動感！

為運動中的選手們，留下最精彩的時刻。

⑪ 運動場　231

　　運動場上，選手們動作超快的，擔心拍不到最精彩的時刻？這時候可以找到手機上的「連拍」模式，按下快門，或進入相機設定，尋找「連拍」或「Burst」高速連拍選項，就可以一口氣拍好多張照片！

連續動作可以透過「連拍」拍下一連串的動作，讓精彩畫面不錯過。

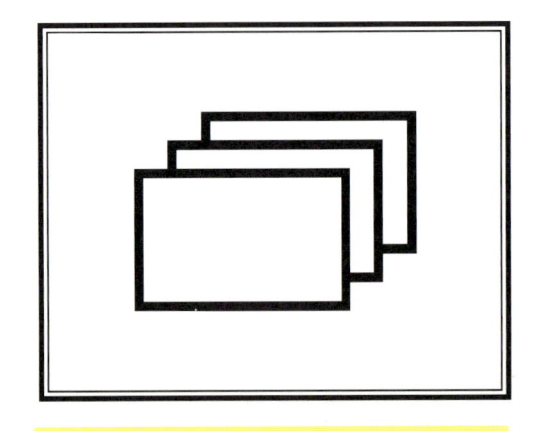

有些手機,將拍照按鈕往左滑即可快速連拍多張照片,放開後就停止拍照;又或者長按拍照鍵,即可連拍。你可以上網去查查看你的手機連拍功能,因為認識相機或手機的拍攝功能,可以幫助你拍攝時更上手喔!

相機裡,這個圖示就是「連拍」的按鍵。

透過「連拍」,你可以拍到快速動作中連續的動作。

11 運動場   233

這三張連拍照，你會選哪一張呢？
說說你的理由。

照片選取　拍完連拍照後，回到照片圖庫裡，它會出現一個「連拍（數張照片）」的系列照，點選底部的「選取」，然後左右滑動，勾選你想保留的照片，點選「完成」後，還可選擇要「保留所有項目」或是「只保留喜好項目」，如果選「只保留喜好項目」的話，系統會幫你將其他沒被選到的連拍照刪除。

Wow！發現　數位單眼相機是最適合連拍的相機，但是現在很多智慧型手機也已經可以拍攝出色的照片。按拍攝鍵的時間越長，連拍的張數越多，後製還可以變成影片喔！

追焦神技

　　以下要介紹兩種動感拍攝的方式，第一種，打開對焦功能，跟著運動的人一起跑，跟著拍。

　　想要拍到家人在快速奔跑的樣子，可以打開「對焦」功能。你必須拿著相機對準拍攝主體跟著移動，也因為是在移動的狀況下拍攝，照片會變得超有動感哦！

用手機拍照，輕觸螢幕，找到「對焦框」，對準拍攝焦點，長按畫面中你想要對焦的主體，就進行「**自動對焦鎖定**」。

⑪ 運動場　235

　　如果你想拍到快速移動的物體，比如飛行中的鳥類，或是跳來跳去的貓，對焦鎖定後，就像在玩遊戲一樣，手機會自動追焦，讓你不錯過任何一個有趣的瞬間！你也可以運用這樣的拍攝模式練習看看。

展開翅膀的臺灣藍鵲！

花叢間飛舞的蝴蝶！

不同品牌手機、平板、相機的操作方式及代表的圖案會有所不同，懂得原理就能自由運用。

想要捕捉動來動去的小貓，試試看「自動對焦鎖定」功能。也可以搭配「連拍」模式喔！

慢動作小電影

你知道嗎？手機不只能拍照，還可以拍攝慢動作影片！

精彩的運動有時候動作很快、很複雜，我們可以借助手機的慢動作功能來把動作放慢，你就可以看到運動畫面中，技巧的變化和細節。再加上你的詮釋，就是一部小小的運動場電影啦！

掃描QRcode，可以看見慢動作影片。
透過手機的慢動作功能拍攝運動畫面，再利用影片剪輯軟體加上片頭及精彩慢動作說明，就是一部小電影喔！

11 運動場　237

你還可以透過手機螢幕擷取功能,將慢動作影片中,喜歡的片段,或是想看得更清楚的動作表現擷取下來。下面幾張運動照片,你最想要擷取哪一張畫面呢?為什麼?

Wow！發現

有些攝影設備還有動態與拍照結合的拍照模式,可以拍下瞬間動態動作,再從中選取一張喜歡的照片。

解讀 快門魔法密碼

透過不同的快門速度，你可以捕捉到運動場上，學生玩樂的情形和運動競賽畫面中的獨特效果，我們將它稱為「快門技巧」。下面讓我們一起來了解一下不同快門速度的使用方式吧！

1/500	1/250	1/125
1/60	1/30	1/15
1/8	1/4	1/2

有些手機提供拍照「專業模式」，能手動調整快門速度，拍出不同的動態效果。

如果你的手機沒有這個功能，可以透過APP下載「專業照相」功能。

> 這張快門速度圖表說明不同的速度如何捕捉動作。注意到了嗎？拍攝的時間會造成晃動的畫面，在這裡你可以發現1/15就會有明顯的晃動。

11 運動場

　　首先是「高速快門」，就像是使用1/1000秒這樣的速度。這時，快門非常快，可以捕捉到運動場上的學生玩樂的情形。呈現動中之靜，就像是一幅幅凍結的畫面一樣！

　　再來是「慢速快門」，比方說1/15秒。這時候，快門速度變慢了，會在畫面中創造出動感模糊，這樣的效果可以凸顯出運動場上的快節奏，呈現出更加動感的效果！在武打電影裡也會使用這樣的技巧，慢速快門所造成的殘影會讓人覺得出拳很快。

利用「人像」模式，可以拍出遊戲場上的人物清晰、背景模糊的效果。

使用1/15-1/30的慢速快門，拍攝快速移動的物體時，保持對中間人物的對焦，會產生主體清晰，但是周圍環境模糊這樣的動感效果。
此時，建議開啟鏡頭防手震功能，或者使用三腳架。

240 小學生攝影走讀

YA！表現

　　學了這麼多，來進行運動的拍攝練習吧！你想要拍什麼主題或想要怎麼拍？選一種你最喜歡的運動，練習拍攝移動中的人或物。或是和朋友互相出題目，發現動態攝影的變化與樂趣。

1. 這兩張照片，你覺得是用什麼方式拍攝的呢？說說看為什麼這麼認為？

☐「高速快門」
☐「慢速快門」

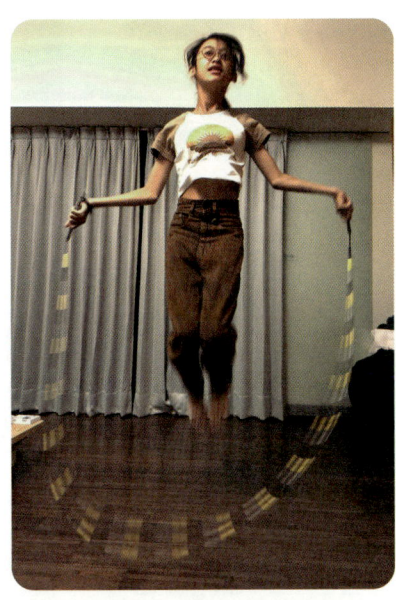

☐「高速快門」
☐「慢速快門」

2. 如果讓你拍,你會怎麼拍?

   選擇一種拍攝方式(連拍 / 追焦 / 自動對焦鎖定 / 慢動作 / 高速快門 / 慢速快門),拍下一種運動(　　　　　　　　)的畫面,並選出你最滿意的照片。

3. 最後,想一想,以下幾種動態拍攝模式,你可以如何運用。挑戰完成後打勾。

   □「連拍」:＿＿＿＿＿＿＿＿＿＿＿＿＿＿＿＿＿＿＿＿＿。
   □「追焦」:＿＿＿＿＿＿＿＿＿＿＿＿＿＿＿＿＿＿＿＿＿。
   □「自動對焦鎖定」:＿＿＿＿＿＿＿＿＿＿＿＿＿＿＿＿＿。
   □「慢動作」:＿＿＿＿＿＿＿＿＿＿＿＿＿＿＿＿＿＿＿。
   □「高速快門 / 慢速快門」:＿＿＿＿＿＿＿＿＿＿＿＿＿。

   以上幾種方式,你喜歡用哪一種?

解讀 動感拍照的密碼

　　拍照通常是要記錄下最值得紀念的時刻，而活動中的動感時刻常常一瞬間就結束，如何利用「連拍」、「追焦」、「自動對焦鎖定」、「慢動作」或是「快門技巧」來捕捉動感時刻，就成了最重要的關鍵！

1. 你想為生活中什麼活動或運動，留下難忘瞬間？

2. 你已認識動態拍攝的技巧，請運用這些技巧來留下動態瞬間畫面。

3. 說說看，動感照片吸引人的原因是什麼？哪一種方式拍攝出來的照片最吸引你的目光？

4. 現在就出門到運動場或公園去拍下精彩的動感畫面吧！

走讀資訊站

請在右圖標示你拍攝照片的①縣市、②地點、③日期、時間，以及④攝影作品名稱（或活動名稱）。

11 運動場　243

12

夜景

尋找黑暗中的光

黃咨樺

夜晚裡的光亮時刻
P. 248

防手震Ready！
P. 252

長時間曝光的祕密
P. 254

解讀
夜晚攝影密碼
P. 260

慢快門的祕密
時間的選擇、長時間曝光

走在昏暗的路上，拿起相機「喀擦」會發生什麼事呢？是一片漆黑，還是隱約看到景物？

　　手機鏡頭和內建處理器隨著時間的演進，越來越厲害，雖然夜晚好像視線不太清楚，但有些照片卻是只有夜晚才能拍出獨特的氛圍呢！

夜晚裡的光亮時刻

如果將夜晚的天空想像成黑色畫布，生活中的「黑畫布」上都有什麼？

晚上黑漆漆的也能拍照嗎？光就像魔法師，凸顯出眼前景物的線條，雖然夜晚沒有自然光，但有人造光，能讓夜晚的景色充滿變化。

沒有光的夜晚，一片漆黑。

有光之後，景物一一呈現，觀察樹葉可以發現夜晚拍攝時，光的重要。

12 夜景 249

　　現在手機的處理器功能強大,即使在光線微弱的地方,也能透過處理器的運算,讓照片畫面呈現比實際光線更亮的結果。

手機的數位調校及運算功能,能讓夜晚畫面呈現更明亮豔麗的效果。

250 ● 小學生攝影走讀

　　「夜景」在什麼時間拍最有趣呢？我們先觀察下面四張圖，它們分別是從傍晚到晚上的時段拍攝，你可以排列時間的順序嗎？什麼時間點拍攝的畫面，你最喜歡呢？

　　發現了嗎？從太陽下山前的半小時開始，天空的自然光與地面燈火遙相呼應，是照片中顏色變化最多的時段。

12 夜景　251

YA! 表現

🕕 18：00　　　🕗 20：00

「夜景」到底什麼時間拍攝最好呢？上面兩張照片中，你比較喜歡哪一個時間呢？這可沒有標準答案。嘗試將拍攝的地點，以及從傍晚到天黑的多個時間記錄下來，找出你認為的最佳拍攝時間吧！

拍攝地點	拍攝地點	拍攝地點
拍攝區間	拍攝區間	拍攝區間
(　：　)～(　：　)	(　：　)～(　：　)	(　：　)～(　：　)
本次最佳拍攝時間	本次最佳拍攝時間	本次最佳拍攝時間

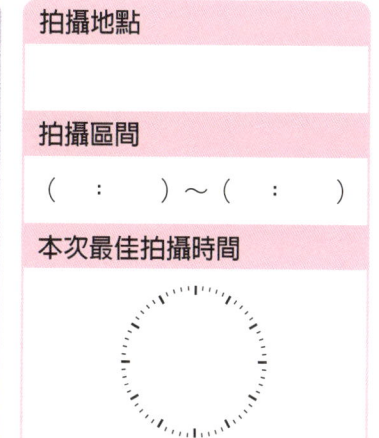

防手震Ready！

當按下快門的瞬間，拿相機的手發生晃動，就稱之為「手震」。有時攝影器材的重量或拍攝的時間長，都是造成手震的原因。

上圖因手震無法對焦，下圖使用腳架，照片更清晰。

12 夜景

　　照片模糊的原因，除了沒有對焦之外，還有一種就是手震晃動。夜間拍攝時，因光線較弱，手即使輕微晃動，也會讓照片產生明顯的影響。

　　手震是拍照時很常見的情況，因此當拍攝時間較長，或光線較暗的時候，通常會使用輔助穩定的工具——腳架。

腳架的選擇，可以考慮長短或重量。

有些手機有防手震功能，而運用腳架能更穩定對焦，讓照片畫面清晰。

長時間曝光的祕密

「曝光」是指拍攝那一刻，光線經過鏡頭攝入的量，而「快門」的速度就是控制進光時間的關鍵。當快門關上的速度較慢，曝光的時間也就比較長，所以「慢快門」也稱為「長時間曝光」。

目前許多品牌的手機都有長時間曝光的功能，手機的原理是短時間拍攝多張照片，再透過處理器運算疊合產生長時間曝光的效果。

圖B以平常快門速度抓住煙火的一瞬間

圖A則運用長時間曝光，留下了煙火的光移動的軌跡。

不同品牌，長時間曝光設定不同，試試看以手機型號，上網查詢使用方法。

12 夜景

　　長時間曝光常用於夜間攝影，因光源不足，透過延長快門關閉時間，讓進光量增加，留下光移動的軌跡，同時需使用腳架來避免晃動。例如：馬路上移動的車燈、焊接時噴出的火花、煙火等。

從天橋上看車水馬龍，左圖是一般快門速度，右圖則是使用慢快門的效果。

焊接時噴出的光點，當開啟長時間曝光後，就會形成一絲絲的線條。

白天也可以使用長時間曝光的功能嗎？很多攝影師在拍攝流動的水，或有高低落差的瀑布時會使用長時間曝光，讓水移動的軌跡產生連續絲滑的效果。

水移動的軌跡，在長時間曝光的拍攝下，滴滴水珠串連成絲狀效果。

⑫ 夜景　257

Wow！發現

根據圖中線索，可以區分哪些是長時間曝光拍攝的照片嗎？請試著選選看吧！

A　B　C　D　E　F

請與家人討論看看，寫出使用「長時間曝光」技巧拍攝的照片代號：

【　　　　　　　　　　　　　　　　　　　　　　　　　　】

258 ● 小學生攝影走讀

YA！表現

　　夜晚最適合用「光」來玩寫字遊戲了！你會想寫什麼字送給家人、朋友，祝福他們呢？像這樣「光軌寫字」的照片，也是運用了長時間曝光的方法，讓光移動的軌跡變成文字。

仔細看看上面的字，哎呀～y 竟然寫反了！想想看，寫字的人應該用什麼方向，拍出來的字才不會顛倒？

拍攝角度	寫字角度	拍攝的人看到的字	被拍攝的人寫字的方向
h	d		
a			

12 夜景

「光軌寫字」的拍攝，需儘量選擇沒有其他光干擾的環境，並使用腳架讓手機穩定；負責寫字的人拿仙女棒，手伸直朝向鏡頭，要特別注意，光走過的地方都會出現光的線條，所以仙女棒的光點只能順著筆畫的方向來回移動。觀察下圖，分析光移動的路線吧！

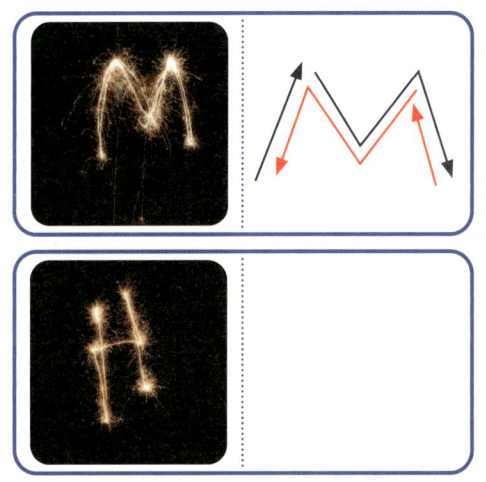

仙女棒選擇長一點的，拍攝時間也能延長。

夜晚的拍攝是不是漂亮又有趣！逢年過節，與親愛的家人團聚時，一起用仙女棒寫字或畫畫，試試看拍成佳節的祝福吧！

解讀 夜晚攝影密碼

夜晚的攝影，就像是捕捉光線和物體之間關係的遊戲，尋找自己最喜歡的夜晚拍攝地點和時間點，讓夜間拍攝的照片比白天更獨特迷人吧！

1. 你覺得夜晚拍攝和白天有什麼差異呢？

2. 夜晚的拍攝為了減少晃動造成影像模糊，可以運用什麼工具來幫忙？

3. 如果想拍攝光線或流水移動的軌跡，需要什麼模式？

4. 如果讓你來拍夜景，你會選擇什麼時間或什麼方式來拍攝呢？

走讀資訊站

你在什麼地方拍攝過夜景？一起來蒐集臺灣各地適合拍攝夜景的地方，空白處記錄景點名稱。也可以將你喜愛的夜景城市，塗上顏色唷！

臺中—中央公園

臺東—鐵花村

Note

國家圖書館出版品預行編目(CIP)資料

小學生攝影走讀/張美智，王麗惠，王馨蓮，鐘兆慧，黃咨樺，林宏維，高月蓮，熊培伶合著；張美智主編. -- 初版. -- 臺北市：五南圖書出版股份有限公司, 2025.05
　面；　公分. --（學習高手；249）
ISBN 978-626-423-166-4（平裝）

1.CST: 攝影技術　2.CST: 藝術教育　3.CST: 初等教育

523.37　　　　　　　　　　　　　　　114000846

學習高手系列249

YY17

小學生攝影走讀

書籍主編　-　張美智
作　　者　-　張美智、王麗惠、王馨蓮、鐘兆慧、黃咨樺、林宏維、高月蓮、熊培伶
編輯主編　-　黃文瓊
責任編輯　-　李敏華
封面設計　-　姚孝慈
出　版　者　-　五南圖書出版股份有限公司
發　行　人　-　楊榮川
總　經　理　-　楊士清
總　編　輯　-　楊秀麗
地　　址：106 臺北市大安區和平東路二段339號4樓
電　　話：(02) 2705-5066　　傳　　真：(02) 2706-6100
網　　址：https://www.wunan.com.tw
電子郵件：wunan@wunan.com.tw
劃撥帳號：01068953
戶　　名：五南圖書出版股份有限公司
法律顧問　林勝安律師
出版日期　2025年5月初版一刷
定　　價　新臺幣420元

※版權所有・欲利用本書內容，必須徵求本公司同意※

經典永恆・名著常在

五十週年的獻禮——經典名著文庫

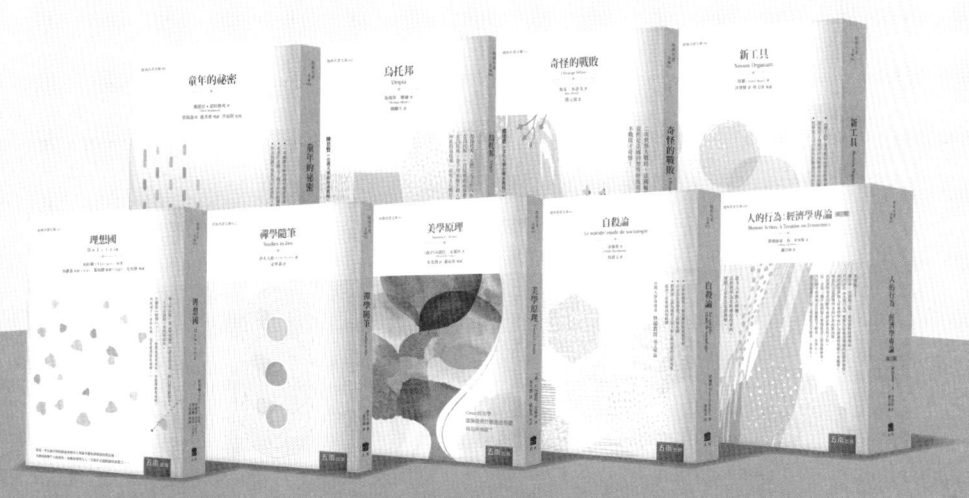

五南，五十年了，半個世紀，人生旅程的一大半，走過來了。
思索著，邁向百年的未來歷程，能為知識界、文化學術界作些什麼？
在速食文化的生態下，有什麼值得讓人雋永品味的？

歷代經典・當今名著，經過時間的洗禮，千錘百鍊，流傳至今，光芒耀人；
不僅使我們能領悟前人的智慧，同時也增深加廣我們思考的深度與視野。
我們決心投入巨資，有計畫的系統梳選，成立「經典名著文庫」，
希望收入古今中外思想性的、充滿睿智與獨見的經典、名著。
這是一項理想性的、永續性的巨大出版工程。
不在意讀者的眾寡，只考慮它的學術價值，力求完整展現先哲思想的軌跡；
為知識界開啟一片智慧之窗，營造一座百花綻放的世界文明公園，
任君遨遊、取菁吸蜜、嘉惠學子！